대 한 민 국
경제프리즘

대한민국 경제프리즘

발행일	2018년 8월 15일

지은이	권 의 종		
펴낸이	손 형 국		
펴낸곳	(주)북랩		
편집인	선일영	편집	오경진, 권혁신, 최예은, 최승헌, 김경무
디자인	이현수, 김민하, 한수희, 김윤주, 허지혜	제작	박기성, 황동현, 구성우, 정성배
마케팅	김회란, 박진관, 조하라		
출판등록	2004. 12. 1(제2012-000051호)		
주소	서울시 금천구 가산디지털 1로 168, 우림라이온스밸리 B동 B113, 114호		
홈페이지	www.book.co.kr		
전화번호	(02)2026-5777	팩스	(02)2026-5747

ISBN	979-11-6299-253-1 03320 (종이책) 979-11-6299-254-8 05320 (전자책)

58가지 담론에 드라마를 담다

대한민국
경제프리즘

권의종

드라마처럼 펼쳐지는 한국경제의 구석구석을

예리한 각도로 분석하고 투명하게 반사시켜

무지갯빛 스펙트럼으로 분리한 경제 시평

북랩 book Lab

PROLOGUE

'드라마틱한 대한민국 경제'
반전 드라마는 얼마든지 가능하다

현재, 새 정부의 경제 성적은 신통치 않다. 눈부신 외교적 성과에 비교돼 더 위축된 모양새다. 핵심 국정 과제인 소득주도성장 정책, 혁신 성장 가치, 경제민주화 기조에도 불구하고 분배상태는 더욱 악화됐다. 청와대와 경제부처 사이의 주도권 다툼 소문이 흘러나올 정도다.

물론 소득과 일자리, 애초 만만한 정책목표가 아니었다. 경제를 민주화하고 공정거래를 한다고 시장과 기업의 오랜 관행과 구조적 사정을 전혀 무시할 수도 없다. 최저임금 인상, 비정규직 정규직 전환, 근로시간 단축, 재벌 개혁, 공정거래 질서 정립 등 단기간에 성과를 내기 어려운 문제들이다.

우선 일자리는 대통령의 최고 핵심공약이지만 재정지원과 공공부문 일자리 창출 등을 통한 양적 확대라는 겉모습에 그치고 있을 뿐이다. 중소기업 활성화를 비롯한 질적, 구조적 정책을 보완해야 한다며 전문가들은 입을 모아 훈수를 둔다.

대한민국 경제의 미래 발전을 위한 '혁신성장'도 아직 현수막 캐치프레이즈 수준이다. 산업·기술 인프라 구축, 규제개혁 등을 추진하지만 경제현장의 피부에 체감되지 않는다. 국민들의 손에 실물이 잘 잡히지 않는다. 다만 미래성장동력 확보를 위한 4차산업혁명위원회를 설치, 출발은 한 셈이다. 업종별 혁신성장 전략을 수립하는 등 관련 정책의 컨트롤타워 역할을 맡긴다니 지켜볼 일이다.

중소·중견기업 육성 노력은 그중 눈에 띈다. 약속한 중소벤처기업부를 기민하게 신설했다. 스타트업 엔젤투자 활성화를 위한 소득공제 확대, 연대보증제 폐지, 창업투자회사 설립을 위한 납입 자본금 완화 등 실천도 꼼꼼하고 구체적이다. 하지만 중소기업인들이 갈구하는 남은 민원과 과제는 산더미다.

대한민국 경제를 둘러싼 안팎의 환경도 녹록지 않다. 남북, 북미 정상회담으로 한반도에 지정학적 위험이 해소되는 분위기나, 경제학자들은 금융위기 발생 10년인 무술년에 큰 변화(big change)를 경고하고 있다. 가장 큰 변화, 또는 위협요인은 단연 국제정세다. 한반도를 둘러싼 주요 강대국에서 이른바 '스트롱맨' 체제가 더 공고해졌다. 보호주의 트럼프노믹스로 무장한 미국의 트럼프 대통령의 행보는 가히 예측불허다. 그에 맞선 G2 중국의 시진핑 국가주석은 황제대관식을 치렀다. 러시아의 블라디미르 푸틴 대통령도 차르 같기는 마찬가지다. EU의 리더, 독일의 앙겔라 메르켈 총리는 16년 장기집권의 험로에 들어섰다.

'4차 산업혁명'의 물결은 더 거세질 것이다. 주창자인 클라우스 슈바프 세계경제포럼(WEF) 창시자가 정의한 대로 기존 산업분류 밖의 전혀 새로운 산업이 일으킬 세계 경제 변화는 사실상 정확한 예측조차 불가능하다. 4차 산업혁명이 정착될 미래에 인류는 유토피아(utopia)의 희망을 노래하지만, 디스토피아(dystopia)의 불안과 위험도 피할 수 없을 것이다.

미·중·러 등 스트롱맨 국가에 둘러싸인 한국 경제의 좌표도 세계의 관심사다. 특히 남북관계의 정치적 변수가 경제변화를 결정할 핵심동 인이다. 내부의 고민도 깊다. 대기업과 제조업 위주의 전근대적 산업 구조의 피로감 누적, 낮은 출산율과 빠른 고령화로 생산가능인구마저 감소하면서 성장전망을 예단하기가 조심스럽다. 대외적 경제규모 확 대, 이에 따른 국제 위상 제고와 엇갈리는 내수시장의 정체는 통상마찰 을 초래하는 불안요인 상수다. IMF 등에서 던지는 '한국 경제는 질적인 면에서는 더 혼란스러워질 수 있다'는 주의를 귀담아들어야 한다.

경제 진화를 주도하는 주체로서의 자세가 필요하다

이처럼 대한민국 경제가 처한 오늘날의 상황은 예측 불확실한 위기 단계쯤으로 진단하는 게 타당해 보인다. 이 책을 쓰게 된 동기다. 평 생 금융인, 경제인으로서 나라 안팎으로 온갖 불안요인, 위험요소에 시달리는 대한민국 경제의 출구와 활로를 나름대로 찾아보고 싶은 것 이다.

원고를 쓰는 내내 대한민국 경제는 마치 한 편의 드라마 같다는 생 각이 굳어졌다. 다음의, 이후의 줄거리나 결말을 섣불리 짐작하기 어 렵다는 점에서 특히 그렇다. 그래서 대한민국 경제의 내일과 미래가 더 변화무쌍하고 흥미진진하게 느껴졌다. 재미있는 드라마를 시청하 는 기분이 들었다. 불확실한 위기가 아닌 도전해볼 만한 기회로, 변화에 휩쓸리는 객체가 아닌 진화를 주도하는 주체로서 대한민국 경제의 모습이 선명하게 그려졌다.

✕ 먼저, 정책은 대한민국 경제 드라마의 연출과 같다.

드라마 연출자가 욕심을 내서 자신의 경력과 실력을 과신하면 반드시 시청자의 오해와 불신을 부른다. 자칫 소홀히 방심하면 근심, 걱정의 댓글 악플이 무수히 따라붙는 이치다. 정부가 경제정책을 과신하면 반드시 정책수혜자인 기업들의 불신을 자초하지 않던가.

✕ 기업은 대한민국 경제 드라마의 주인공이다.

주연인 기업이 잘해야 대한민국 경제라는 드라마를 살릴 수 있다. 정부나, 산업이나, 금융이나, 소비자 모두 주요한 경제 주체임은 분명하지만, 주인공이 될 수는 없다. 중소기업인의 번아웃 증후군, 근로시간 단축을 통한 워라밸 구현, 최저임금, 중소기업 적합업종 등 기업을 기를 죽이는 경제환경이 적지 않다. 드라마의 주인공인 기업이 마음껏 제 기량을 펼칠 수 있도록 무대와 기회가 마련되어야 한다.

✕ 산업은 대한민국 경제 드라마를 제작하는 스태프이다.

연출가인 정부는 정책은 잘 펴야 하고, 주인공인 기업은 연기에만 집중해야 한다. 그 역할이 바로 스태프로서 산업의 몫이다. 기업을 지원하고 더불어 연구하고 서로 융합해야 한다. 고령화 시대에 걸맞게 실버산업을 지역의 신성장 비즈니스, 지역형 프랜차이즈산업으로 주도해야 한다. 지역을 먹여 살리는 주력산업인 농업과 농업 전후방 연관산업의 산업적 가치와 지속가능성도 연구·개발해야 한다. 무엇보다 우수한 지역인재를 발굴, 훈련해 지역산업의 대내 자생력을 지키고 대외 경쟁력을 키워야 한다.

✕ 대한민국 경제 드라마의 특급 도우미는 단연 금융이다.

낙후된 금융, 불공정한 금융시스템으로는 선진 경제로 도약은 어림도 없는 공염불이다. 삼성증권 전산 사고와 도덕적 해이, 소비자를 기만하는 연금저축 등 금융소비자를 금융소외자로 내모는 후진금융 상품, 비효과적인 단기대출 관행, 금융공급자들의 불량정보 공유시스템 등 내부 금융 적폐가 산적하다.

✕ 국민은 대한민국 경제의 관객이다.

드라마는 시청률에 목을 맨다. 시청자가 외면하는 드라마는 방영되지 않는다. 조기 종영의 비극을 맞는다. 대한민국 경제에서 국민은 단순한 관객이 아니다. 대한민국 경제의 생살여탈권과 수명을 바로 국민이 결정한다. 대한민국 경제는 곧 국민경제이다. 외부의 구경꾼이 아니라 객석에 앉아 감시하고 감독하는 또 다른 주인공인 셈이다.

이렇게 연출가 정책, 주인공 기업, 스태프 산업, 도우미 금융, 관객 국민의 총합이 곧 대한민국 경제의 정체성이자 잠재력이다. 결국 미래 경쟁력이자 혁신성장의 동력이다. 지금 대한민국 경제는 지속 가능 성장과 경제민주화라는 두 마리 토끼를 잡아야 하는 일대 기로에 서있다. 이들 경제 주체마다 얼마나 제 역할을 잘 수행하느냐에 성패가 달려있다. '드라마틱한 대한민국 경제'. 반전 드라마는 얼마든지 가능하다.

2018년 여름 권의종

CONTENTS ⅠⅠⅠⅠⅠⅠⅠⅠⅠ

PART
03

산업: 스태프가 연구해야 융합이 된다

Part 01

정책: 감독이 좋아야 작품이 된다

01 정책 과신은 기업 불신을 부른다

잘못된 정책은 문제, 문제 방치는 악행

중소기업이 힘들다. 경영지표가 심상치 않다. 원가와 비용은 느는데 매출은 늘 제자리걸음이다. 생산성은 정체 상태지만 경쟁자의 추격은 광속이다. 수익성과 경쟁력이 한계에 이르고 있다. 당면한 대부분의 애로사항이 기업 자체적으로는 해결이 힘든 난제들이다. 저간의 사정을 말해보았자 푸념으로 비칠까 봐 우려되나, 혹 묘수라도 얻을지 몰라 하나씩 나열해 본다.

당장 발등의 불은 원자재 조달가격 인상이다. 공급업체들의 납품가 인상통보가 연이어 날아든다. 그것도 대폭적이다. 거래처 사장을 서둘러 만나러 나선다. "올려도 너무 올린 것 아니냐?"는 항의성 질문으로 말문을 튼다. 돌아온 반응은 의외로 단호하다. 듣고 보니 그쪽 사정도 딱하긴 마찬가지. 자기들도 나름대로 노력을 했으나 별다른 도리가 없다는 볼멘 하소연이다.

연초부터 득달같이 뛰어오른 원자재 가격과 최저임금 인상에 시달리는 상태다. 감수하면서 버텨봤지만 불과 몇 달 만에 손을 들 수밖에 없었다는 얘기다. 오죽하면 납품 중단까지 각오하며 인상에 나섰겠냐며 통사정이다. 주 52시간 근로시간 단축이 시행됨에 따라 조만간 납품가 추가 인상이 불가피하다는 호소까지 미리 덧붙인다. 혹 떼려다 혹 하나 더 붙인 셈이다.

달러화 강세도 원자재 수입 기업의 목줄을 조인다. 달러당 천백 원대를 넘는 수준에서도 힘겨운 데 환율이 더 오르면 정말 큰일이다. 미국 경제의 호조와 금리인상 등으로 달러화 강세가 이어지는 상황에서 미중 무역 갈등에 따른 안전자산 선호 심리까지 겹칠 경우 달러화 가치가 더욱 높아질 것이라는 전문가의 진단은 아찔하다. 도무지 앞날이 보이지 않는다.

임금, 인력, 환율 등 복합악재와 싸우는 중소기업

보다 큰 고통은 역시 구인난이다. 중소기업에서 사람 구하기는 하늘의 별 따기 수준이다. 어렵게 수주를 해도 생산인력은 턱없이 부족하다. 3D업종이 아니어도 지방 기업이나 제조업에 내국인은 지원하지 않는다. 설령 편의점 아르바이트는 할지언정 중소기업은 정규직조차 마다한다. 사업장마다 상시 게시된 구인 현수막은 하얗게 탈색돼 흉물스럽다. 그렇다고 외국인 근로자도 마음껏 쓸 수 없다. 업체당 외국인 고용 가능 인원이 제한되기 때문이다. 몰래 불법체류자를 쓸 수밖에 없다. 어쩌면 정부가 기업의 불법을 조장하는 셈이다.

물론 기업이 겪는 이 같은 어려움은 기업 스스로의 책임이 가장 크다. 그동안 경쟁력 향상을 위한 기업의 노력이 충분치 못했다는 방증이 아닌가. 그런데 정부는 중소기업을 위해 할 만큼 했다. 한 달이 멀다고 온갖 특별 대책들을 쏟아 냈다. 대한민국만큼 중소기업 지원제도가 잘 준비된 나라도 사실 드물다. 결국 경쟁력 제고는 마땅히 기업 스스로의 몫이 되어야 한다. 언제까지 정부, 환경 등 남의 탓, 외부 탓만 할 수는 없는 노릇이 아닌가.

더욱이 기업은 오직 자기만을 위한 존재가 아니다. 다양한 이해관계자들과 상생을 해야 하는 사회적 공기(公器)에 해당한다. 기업 성장의 동반자인 근로자의 삶의 질 향상을 위해서 최저임금도 올리고 근로시간도 단축해야 한다. 거래처에도 적정한 납품가를 보장해야 한다. 사회 공헌과 경제발전에 기여하는 것이야말로 현대 기업에 주어진 필수적 소명이자 사회적 책무다.

물론 책임경영의 과제를 기업에만 맡겨서도 안 된다. 정책을 만들고 운영하는 주체로서 정부의 역할과 책임도 중요하다. 중소기업은 국가경제의 뿌리이자 일자리 창출의 보고이기 때문이다. 그래서 중소기업 지원의 당위성은 아무리 강조해도 지나치지 않은 것이다.

경쟁력 제고는 기업 스스로, 정부는 기업의 비빌 언덕

특히 정부는 현실에 맞지 않는 정책을 생산하면 안 된다. 또 시행된 정책을 잘못 운용하는 실수와 실패는 삼가야 한다. 무엇보다 잘못된 정책을 알고도 바로잡지 않는다면 그게 더 큰 악행이다. 어차피 애초 완벽한 정책은 만들기 어렵다. 그래서 아무리 좋은 정책도 여건이 바뀌면 실효성이 떨어지니 순발력 있고 유연한 정책의 피드백이 그만큼 중요하다.

최저임금의 경우가 바로 단적인 예다. 업종별로 다른 여건이 고려되지 않은 채 일률적으로 크게 인상되니 논란이 되는 것이다. 정부의 의지는 확고해 보인다. 2020년까지 최저임금 1만 원 인상의 로드맵에 한 치의 오차도 허용치 않으려는 것이다. 하지만 최저임금의 산입범위도

정하지 않은 채 금액부터 올린 결과, 산업현장에서 크고 작은 진통이 표출되고 있다. 현장에서는 제도의 수정과 연착륙을 갈구하는 목소리가 높지만, 정부의 귀에는 잘 들리지 않는 듯하다.

외국인 고용허가제 역시 문제다. 외국인 근로자 고용을 원하는 사용자에게 내국인 구인노력 의무를 부여한 것은 타당하다. 내국인 근로자의 고용기회를 보호하려는 취지이기 때문이다. 외국인 근로자를 체계적으로 관리하기 위해 외국인력 도입허용 업종을 정하고 사업장 규모에 따라 인원수를 정한 것도 일리가 있다. 다만 개별기업의 형편을 고려치 않고 획일적 기준에 따라 제도를 운용, 정작 기업마다 실제 필요한 인력을 배정하지 못하고 있다.

외국인 근로자 구인신청 시 내국인 고용인원을 기준으로 하는 것도 비합리적이다. 내국인이 기피하는 업종에조차 그 기준으로 외국인 고용 인원을 허가하는 건 뭔가 앞뒤가 맞지 않는다. 그래서 내국인 고용이 없거나 줄어드는 기업은 외국인을 쓰기 어렵다. 내국인을 구할 수 없는 기업에 외국인 근로자를 더 배정하는 게 제도의 취지에도 부합되는 것 아닌가. 하지만 고용노동부는 잘 알면서 고치지 않고 있다. 과신(過信)이 기업의 불신을 낳고, 방심이 현장의 근심을 부른다.

02 소득주도성장론, 세종대왕의 지혜로 풀어 나가자

세종대왕과 솔로몬의 지혜

1442년 세종 24년 임금은 신하들에게 뜬금없이 명령을 내린다. 경상도와 전라도 관찰사에게 태조 이성계가 왜구를 물리친 공적을 조사토록 지시했다. 태조가 1380년에 적을 물리친 상황을 목도한 노인들을 찾아 상세히 기록해오라는 무리한 주문이다. 수명이 환갑을 넘기 힘든 당시에 62년이나 지난 과거지사의 목격자를 찾아내라니.

세종이 고려 장수 시절의 태조 업적을 조사시킨 데에는 숨은 깊은 뜻이 있었다. 건국 50년이 흘렀지만, 여전히 조선은 고려를 정복하고 세운 나라라는 부정적 이미지가 백성들의 뇌리에 남아있었다. 세종은 그게 늘 마음에 걸렸다. 조선 건국의 정당성과 정통성을 홍보할만한 소재가 마땅치 않았다. 더 큰 걱정거리는 훈민정음이었다. 진작에 창제해놓고도 신하들에게만 알렸을 뿐 백성들에게 미처 공표하지 못했다. 최만리 등 대신들의 완강한 반발이 두려웠다.

절체절명의 순간 세종의 지혜로움과 총명함은 빛을 발한다. 훈민정음으로 조선 건국의 정당성을 노래한 서사시를 지어 백성들에게 쉽게 알리는 한편, 훈민정음의 실효성을 실험하여 신하들의 반대를 잠재우려는 계획이었다. 결과는 대성공이었다. 조선 개국의 과정을 다루었기에 신하들도 감히 훈민정음으로 용비어천가를 짓는 일을 반대할 수 없었다. 훈민정음 제작과 건국의 정통성을 동시에 얻는 일거양득의 묘수였다. 자칫 치킨게임으로 번질 수 있던 위기에서 '원치 않는 싸움을 피하고, 원하는 것을 얻는' 솔로몬의 지혜 같은 승부수였다.

'소득주도성장론' 논란으로 가중된 국가적 혼란

6백 년 가까이 된 고사를 뜬금없이 끄집어낸 까닭은 문재인 정부 경제정책 기조에 대한 끝없는 논쟁 때문이다. 새 정부가 출범한 지 1년이 넘었는데도 '소득주도 성장론'에 대한 시비가 여전하다. 전략적 차원의 논의수준을 넘어 마치 전투 행위를 방불케 하는 국가적 혼란 상태다. 이론적 근거도 빈약하고 세계 어느 나라에도 없는 국적 불명의 제도라는 유언비어마저 나도는 지경이다.

소득주도성장론(income-led growth approach)은 임금을 주된 소득원으로 하는 가계의 소득을 늘리자는 것이다. 그렇게 경제 전체의 수요를 촉진함으로써 경제성장을 이끌어낼 수 있다는 접근방법이다. 경제학에서는 경제성장을 주도하는 요인에 대해 크게 두 가지의 시각이 존재한다. 하나는 공급주도의 시각이다. 경제성장을 위해서는 공급이나 생산 능력 확대가 중요하며, 수요는 부차적이라는 것이다. 더욱 많이 만들어 내는 것이 가장 중요하며 그에 대한 수요가 있는지는 그다음이라는 견해다. 고전파 경제학의 접근방법이다.

또 다른 시각은 경제성장은 수요주도로 이루어진다는 입장이다. 생산물이 공급되어도 시장에 수요가 없으면 성장은 지속 불가능하며, 따라서 수요를 창출하는 것이 더 중요하다는 것이다. 1930년대 대공황 이후 등장한 케인즈주의 경제학의 접근법이다. 소득주도성장론은 후자에 속한다.

이론은 시각의 차이에서 비롯된다. 접근방법이 다를 뿐 정오나, 우열로 단순 비교될 수 없다. 그때그때 경제 현상에 따라 달리 적용되는 선택의 대상일 뿐이다. 특정의 이론과 이념의 틀로 현실을 왜곡하거나 하나의 정답만 강요해서는 안 되는 이유다. 만능의 이론이 존재할 리 없고, 모든 이론에는 순기능과 역기능이 함께한다. 어느 이론을 선택하느냐의 문제 못지않게, 채택된 이론의 정책효과를 극대화하며 부작용을 최소화하는 게 더 중요하다.

채택된 이론의 정책효과 극대화

이론과 현실은 엄연히 다르다. 감히 말하자면, 경제학 교과서에 등장하는 이론은 현실적 정책대안을 제시하기 어렵다. 이론은 지나간 현상을 검증하여 정리한 내용에 불과할 뿐이며, 이에 비해 경제 현상은 변화무쌍하게 시시각각 달라진다. 과거의 상황이 그대로 재현되는 경우는 없다. 경제이론 또한 시대환경의 변화에 따라 진화를 거듭한 결과물이다. 새로운 이론이 제시되어 실행되고 그 후 문제가 생기면 또 다른 새로운 이론으로 대체되는 흐름이 무한 반복된다.

게다가 경제이론은 기본 가정에서 출발한다. '다른 모든 조건이 동일하다면'이라는 의미의 세테리스 파리부스(Ceteris Paribus)의 개념에 따른다. 경제 현상에 영향을 주는 변수는 무수히 많아 이를 일일이 고려하면 경제법칙의 정립 자체가 불가능하다. 그래서 한 가지 변수를 검토할 동안 그 이외의 나머지 변수들은 사실상 없는 것으로 가정해야 한다. 결과적으로 다른 조건들이 변하지 않는 짧은 기간의 경제 분석만 유용하다는 점이 한계다.

새로운 문제 해결을 위해서는 오히려 기존의 지배적 이론이나 검증된 정책에서 과감히 탈피할 필요가 있다. 가령 대공황 당시의 뉴딜정책, 금본위제 포기 등은 기존의 주류 이론에서는 상상조차 힘든 정책이었다. 그런데 대공황 탈출에 결정적 계기를 만들지 않았던가.

모든 논의에는 다 시의적절한 적기가 있다. 정책에 대한 반론은 얼마든지 허용될 수 있고 또 그래야만 한다. 토론은 정책이 결정되기 전에 필요한 것이지, 결정된 후에 하게 되면 논쟁으로 변질된다. 문재인 정부가 소득주도성장론을 대선공약으로 내걸었고 국민 다수가 이에 동의한 터다. 대통령이 일 좀 해보겠다고 동분서주하는 마당에 '문비어천가'까지는 아니더라도 시비와 논란으로 일관하는 것은 비생산적이다. 마치 서울을 향해 한참 질주하고 있는 고속철도 승객에게 고속버스로 바꿔 타라는 명령과 다를 바 없다.

앞으로 문재인호가 잘 달릴 수 있도록 힘과 지혜를 모으는 게 승객인 국민으로서 할 일이다. 경제정책 기조에 대한 논의는 이제 그만 멈춰야 한다. 일부 언론의 부추김도 여기서 끝내는 게 좋다. 그동안 할 만큼 했다. 계속하면 어깃장이 된다. 싸우지 않고 이기는 세종의 지혜를 빌릴 때다.

03 맥빠진 저출산 대책, 이대로 방치하다 재앙이 된다

정부-기업-국민의 협력 필요

아기 울음소리가 사라지고 인구가 줄고 있다. 우리나라 합계출산율이 조만간 1.0명 아래로 떨어질 거라는 우울한 전망이다. 지구촌 유일의 '출산율 0명대 국가'가 될 거라는 경고다. 2018년 출생아가 32만 명 수준으로 역대 최저치를 기록한 2017년 36만 명보다 더 추락할 게 확실시된다. 이 추세라면 2022년 이전에 출생아 수 20만 명 대 진입이 우려된다.

보다 못한 정부가 새 대책을 내놓았다. 정부가 아이 낳고 키우는 2040세대의 출산·육아 부담을 줄여 '워라밸'을 돕겠다는 취지다. 출산율 제고와 보육 위주의 기존 정책에서 탈피해 일과 가정의 양립 등 부모의 삶의 질 개선에 방점이 두었다는 해설이 그럴듯하다.

고용보험 미적용자 5만 명에 대한 출산지원금 지원, 1세 아동 의료비 제로화, 아이 돌보미 지원 대상 확대 및 정부 지원 강화, 임금삭감 없는 육아기 근로시간 하루 1시간 단축, 아빠 육아휴직 상여금제 급여 상한액 인상, 배우자 유급 출산휴가 확대, 부모 양육비 지원액 확대, 비혼 출산·양육에 대한 제도적 차별 정비, 신혼부부 주거 지원 강화 등이 주된 내용이다.

대통령 직속 저출산·고령사회위원회가 발족하고 나온 첫 번째 대책치고는 초라하고 빈약하다. 소문난 잔치에 먹을 것 없다고, 기존 제도를 확대 보완하는 정도에 그치고 있다. 지원 대상을 늘리고 금액을 올리는 단기 처방 수준이다. 게다가 형평성 문제를 불러올 설익은 정책도 눈에 띈다. 사업주와 근로자가 부담하는 고용보험기금으로 고용보험 미가입자들에게까지 지원금을 주는 방안은 기존 가입자들의 반발을 불러올 소지가 다분하다.

전 세계적으로 유례없는 저출산

현장의 반응도 시큰둥하다. 대책에 출산율 목표조차 언급되지 않은 채 아이 키우는 부모의 삶의 질 개선에만 치우쳤다는 중론이다. 청년층의 시선은 더 냉소적이다. 돈 몇백만 원 더 주고 출산휴가 며칠 더 주는 것만 믿고 어느 누가 애를 낳겠느냐는 반문이다. 맞벌이 부부들의 반응 역시 싸늘하다. 국공립 어린이집, 보육시설 확대가 충분치 못하다는 볼멘소리다. 맞벌이 들이 진짜 힘들어하는 것은 아이들 돌보는 문제인데 지원금만 늘리는 건 생색내기에 불과하다는 평이다.

갑론을박으로 소일하기에는 당면한 현실이 다급하고 절박하다. 전 세계에서 유례가 없는 저출산·고령화가 대한민국의 생존을 위협하는 위기 경보가 울리고 있다. 국가의 명운을 가를 중대사로 등장했다. 당장 청와대에 걸린 일자리 현황판을 떼어내고 그 자리에 출산율 상황판이라도 내걸어야 할 만큼 비상 국면이다. 더 머뭇거렸다가는 큰일 날 상황이다.

이제 모든 정책의 중심에는 저출산 문제가 자리 잡아야 한다. 출산율 제고의 큰 그림을 그리기 위해 제반 정책의 퍼즐들이 하나하나 빈틈없이 맞춰져야 한다. 종전과 같이 특정 분야의 개별 정책의 시행만으로는 저출산이 몰고 올 쓰나미를 피하기 어렵다. 근본적이고 실효성 있는 예방책 마련이 시급한 시점이 바로 지금이다.

명의의 처방은 정확한 진단에서 비롯된다. 저출산의 이면에는 비혼과 만혼에 따른 혼인과 출산 지연, 가임 여성의 감소, 청년 취업난 등의 여러 가지 요인들이 복잡하게 얽혀 있다. 주거, 고용, 양육, 교육 등의 분야들과도 연관성이 매우 크다. 청년, 여성, 일자리, 주거, 노동, 의료, 교육시스템 등의 정책들이 저출산 정책과 연계되어 유기적으로 추진되어야 하는 이유다. 아동 및 가족 지출을 늘리고, 보육, 청년 지원, 일과 생활의 균형 등 다양한 분야에 걸쳐 균형적인 투자가 이루어지는 게 맞다.

한국 현실에 맞는 저출산 대책 필요

청년실업과 주거문제가 혼인 감소로 이어지고, 다시 혼인 감소가 출산율 하락을 심화시키는 현상부터 막아야 한다. 당장 혼인 건수가 매년 급감하고 있다. 2015년 30만 2800건을 기록한 뒤 2016년에 28만 1600건으로 확 줄었다. 2017년에는 26만 4500건으로 또다시 역대 최저치를 경신했다. 혼인 감소의 직간접 요인으로 작용하는 결혼 주 연령층의 실업률 증가와 부동산 가격 상승 등에 대한 특단의 조치가 나와야 한다.

어차피 재정 투입의 확대는 피할 수 없다. 정부가 2006년부터 2017

년까지 저출산 해결을 위해 122조 원을 쏟아부었는데도 현실은 거꾸로 간다는 비판이 거세지만 현상을 모르는 소리다. 한국의 '가족 정책 지출' 규모는 여타 선진국에 한참 미흡한 수준이다. OECD 평균은 국내총생산(GDP) 대비 2.45%지만 한국은 1.38%에 불과하다. 저출산 극복의 모범사례국인 프랑스는 이 수치가 3.70%에 달한다.

대략 계산해도 한국이 OECD 평균 수준에 이르려면 연간 예산 규모가 15조 원가량은 되어야 한다. 프랑스 수준까지 되려면 30조 원 내외의 예산이 필요하다. OECD 국가 중 한국보다 가족 정책지출이 적은 나라는 터키, 멕시코, 미국 세 나라뿐이다. 모든 문제를 한꺼번에 해결할 수야 없겠지만 실효성 있는 정책 추진으로 예산상의 제약을 극복해 나갈 수밖에 없다.

이제 와서 저출산 현상을 정책 탓으로만 돌리는 건 온당치 못하다. 애당초 저출산 문제는 정부의 노력만으로 해결이 어려운 사안이다. 정부, 기업, 국민 모두의 인식전환과 협력이 요구되는 지고(至高)의 난제다. 차라리 자업자득으로 받아들이는 지혜로움이 현상 타개에 도움이 될 수 있다. 지금 취할 수 있는 그나마 방책은 모두가 머리를 맞대고 우리 현실에 맞는 솔루션을 찾아내 대비하는 길뿐이다. 그래야 발등의 불로 떨어진 저출산 재앙을 피할 수 있다. 준비에 실패하면 실패를 준비하는 것이나 다름없기 때문이다.

04 '낙하산 인사'의 폐해는 국민의 몫으로 돌아온다

공공기관장은 현장에서 잔뼈 굵은 전문가에게

이것은 무엇일까. 1483년 이탈리아의 과학자 레오나르도 다빈치에 의해 이론으로 소개되었다. 1797년 프랑스의 가르느랭이 파리의 몽소 공원에서 높이 1000m의 기구(氣球)로부터 낙하할 때 처음 사용되었다. 제1차 세계대전 중에는 윈스턴 처칠에 의해 공수부대 전투용으로 활용되었다. 1941년 독일군의 크레타섬 작전, 1944년 연합군의 노르망디 상륙작전에서 결정적 임무를 수행했다.

한국에서는 6·25전쟁 당시 미 제101공수단의 공수작전에서 처음 사용되었다. 오늘날에는 역대 정부가 중요 직책에 자기 사람을 내려보낼 때 널리 애용하는 이동 수단이다. '낙·하·산'. 그냥 난센스 퀴즈의 답으로 웃어넘기기에는 심각하고 무거운 주제다.

일명 '낙하산 인사'. 해당 기관의 직무에 대한 능력이나 자질, 전문성과 관계없이 권력자가 특정인을 중요 보직에 내려보내는 것. 한국 정치의 부끄럽고 수준 낮은 민낯이다. 새 정부가 들어설 때마다 그런 악습이 사라지기를 기대하지만, 결과는 번번이 빗나간다. 어느덧 우리 사회에서 일종의 정치적 관행처럼 자리 잡았다. 행하는 쪽은 죄의식이 없고 당하는 쪽은 그저 무력감에 체념하고 만다.

비판적 언론이나 정치권조차 잠시 떠들다 슬며시 꼬리를 내린다. 떠들어봐야 별 소용이 없기 때문이다. 삶에 지친 국민들로서도 지켜보기에 피곤하고 짜증이 난다. 곧 언제 그런 일이 있었냐는 듯 모두 까맣게 잊는다. 동시다발적으로 터지는 낙하산 인사가 한두 건이 아니기 때문이다.

'낙하산 인사'는 부실과 방만 경영의 주범

현 정부 또한 낙하산 논란으로부터 자유로워 보이지 않는다. 내각 구성 때 몇몇 후보가 낙마하는 소동도 있었지만, 대다수가 고공낙하를 통해 무사 안착했다. 뒤이어 공공기관장들이 낙하산을 타고 속속 투하되고 있다. 332개에 이르는 공공기관은 정권의 논공행상용 전리품이 아니다. 공공기관이란 그 뜻 그대로 공공의 이익을 위해 헌신할 전문가의 일터라야 한다.

따라서 최고경영자는 해당 기관의 업무에 해박하고 경험이 풍부한 전문가라야 마땅하다. 하지만 유감스럽게도 현실은 그렇지 못하다. 40~50년 역사의 공공기관 중에도 내부 출신 인사가 단 한 번도 CEO에 오르지 못한 곳이 수두룩하다. 예외 없이 외부 인사가 낙하산을 타고 사장으로 투하된 것이다. 지난 수십 년 동안 수천, 수만 명의 임직원 가운데 단 한 명의 사장감도 없었다는 말인가.

어불성설, 언어도단이다. 기관장의 낙하산 인사 임명은 심각한 문제를 일으킨다. 바로 공공기관 부실과 방만 경영의 치명적인 근본 원인으로 작용한다. 기관장 하나 잘못 들어오면 열심히 일하는 직원들의 사기를 떨어뜨리고 조직은 그 길로 멍이 든다. 자긍심과 경쟁력을 잃고 만다. 그로 인한 피해는 오롯이 공공기관이 봉사해야 하는 국민들의 몫이다.

집행기관 전문성, '정책수립', '업무감독', '이론연구' 아니다

낙하산 인사에 대한 배경 설명 또한 설득력이 뒤지는 변명 수준에 지나지 않는다. 당치 않은 논리를 억지로 끌어다 붙여 전문성을 침소 봉대하거나 과장한다. 정치권 출신이 기관장으로 내정될 경우 국회에서의 입법경험, 국정감사, 업무보고 등의 경험으로 해당 기관의 업무를 소상히 파악했다는 설명이 상투적으로 첨부된다.

전직 관료가 임명될 때는 정부 부처에서 정책 수립, 업무 감독 등으로 경영능력이 충분히 검증된 전문가로 포장된다. 대학교수가 수장으로 정해지면 이론과 실무를 겸비한 혁신경영의 최적임자라는 낯 간지러운 칭송 일변도다. 이도 저도 아닌 사람이 기관장이 될 때는 새 정부의 국정철학 공유, 개혁 성향을 집중 부각하며 은근히 정권 관련 실세임을 압박한다. 이도 저도 안 통할 때는 따로 비장의 무기가 제시된다.

그래도 현 정부의 낙하산 인사는 지난 정부에 비하면 약과라는 궤변이다. 이쯤 되면 '막 가자는 얘기'가 된다. 참았던 인내력에 한계가 드러난다. 화가 난다. 오죽하면 국민적 단죄를 받고 사법적 심판을 기다리는 패망한 적폐 정부와 비교를 하겠나 측은한 기분이 든다.

현장의 답을 아는 집행전문가가 적임자

공공기관은 정책을 '집행'하는 곳이다. 집행기관에서 요구되는 전문성은 '입법', '정책 수립', '업무 감독', '이론연구' 등이 아니다. 그런 경험이나 능력과 실제 현장의 집행 내용과 기능 면에서 차이가 있다. 상호 연관성은 있으나 같은 업무는 아닌 것이다. 스포츠에서 감독이 선수의 역할을 대신할 수 없는 것과 같은 이치다. 어디까지나 감독은 감독이고 선수는 선수다.

아무리 유능한 외부 전문가가 기관장으로 부임해도 업무 파악과 조직 장악에 상당한 시일이 소요된다. 현장 경험이 없다면 구체적 비전을 제시하고 최적의 전략을 마련하는 데 애를 먹는다. 수시로 밀려드는 크고 작은 업무의 의사결정은 쉬운 게 하나도 없다. 모든 게 적지 않은 노력과 시간을 필요로 하는 난제들이 산적하다. 무엇보다 쉼 없이 업무를 익히고 직원들과 친숙해진다고 해도 곧 임기가 만료된다.

후임 기관장도 이런 과정을 되풀이한다. 공공기관의 지속가능한 발전이 어려운 이유다. 대부분의 경우 현장에 답이 있고 그 답을 아는 이도 현장에 있다. 현장에서 잔뼈가 굵은 전문가에게 경영을 맡기는 게 순리고 정도다. 바른길이 가장 빠르고 옳은 길이다. 그 외길로 가야 기관도 살고 정부도 살고 국민도 살 수 있다.

05 국정감사, 싸우라고 만들어준 무대가 아니다

깊이 있는 정책점검으로 국감 품질 높여야

대한민국 국회는 전쟁터를 방불케 한다. 특히 9월이 되면 국정감사라는 여야 격돌의 대전이 벌어진다. 겉으로는 국가기관, 지방자치단체, 정부 투자기관을 상대로 감사를 진행하는 형식이다. 하지만 실제로는 소속된 정당과 지역, 의원들 저마다 개별적 이익을 챙기기 바쁜 각축장의 양상이다.

국정감사 제도가 오늘에 이르기까지 우여곡절이 많았다. 제헌 헌법부터 제3공화국까지는 헌법에서 의회의 국정감사권을 규정했다. 제4공화국 시절에는 국정감사권이 부패와 관계기관의 사무 진행을 저해한다는 이유로 폐지되었다. 5공화국 헌법에서는 특정한 국정사안에 관해서 조사할 수 있는 국정조사권으로 변경되었다. 그리고 마침내 1987년 민주항쟁으로 국민들이 쟁취한 제6공화국 헌법에서 국정감사권으로 부활하였다.

2017년 문재인 정부의 첫 국감은 과거에 비해 그나마 질적으로 성숙한 모습을 보였다. 국회의원이 자신의 치적을 과시하려는 '기록 남기기' 질문이나 질타성 추궁은 상당 부분 사라졌다. 쟁점 사안에 대한 실증적 문제 제기와 함께 대안제시형 비판에 주력하는 자세가 자주 눈에 띄었다. 다만 이런 변화는 유감스럽게도 겉으로 드러난 피상적 현상에 불과하다. 근본적인 체질 개선을 위해서는 여전히 갈 길이 멀다.

30

국정감사가 정쟁의 무대로 변질된 지 오래다. 지난 국감 또한 예외가 아니었다. 신구 정치세력 간에 벌이는 '적폐청산-정치보복'의 공방이 갈수록 확전되는 양상이었다. 국감을 소모적 정치투쟁의 무대로 삼으려는 시도는 국감의 본질을 훼손하는 처사다. 국민들을 무시하는 배임행위다. 싸움이나 벌이라고 만들어준 국감이 아니다. 3백 명에 달하는 '전문 싸움꾼'들을 먹여 살릴 정도로 나라 살림도 여유롭지 않다.

사실 적폐청산의 문제만 해도 국정감사에서 다뤄질 사안은 아니었다. 국감은 국회가 행정부의 국정 수행이나 예산 집행 등에 대해 벌이는 감사 활동이다. 여기서 말하는 행정부는 현재의 정부를 뜻한다. 지난 정부가 저지른 적폐는 국정감사의 의제가 될 수 없다. 더구나 범죄 의혹이 다분한 적폐에 대한 조사는 사정 기관에서 담당하는 게 맞다. 입법부가 나설 입장도 아니고 해야 할 일도 아니다.

적폐청산은 국회가 아닌 사정 기관에서

국민의 대의기관인 국회가 행정부를 상대로 벌이는 국감에서 여야는 견해가 다를 수 없다. 감사원은 정부 부처나 공공기관에 대한 회계감사와 직무감찰 기능을 담당하고, 피감기관들 내부적으로도 감사시스템이 작동한다. 국회는 삼권분립의 취지와 국민 대표기구의 특성에 걸맞은 감사를 실행하면 된다.

행정부의 정책 수립과 집행상의 부당, 위법, 미진한 부분을 지적해야 한다. 바람직한 국정 수행의 좌표를 도출하는 입법부 본연의 역할을 여야가 함께 수행해야 한다. 여당이라고 해서 정부를 무조건 감싸지 말아야 한다. 야당이라고 무작정 비판을 위한 비판은 옳지 않다. 그건 국민적 공동이익을 대변해야 하는 국회의 기본책무를 저버리는 행태다.

국감에서 소관 부처나 기관이 담당하는 모든 업무를 경중을 따지지 않고 무차별적으로 다루는 일 또한 삼가야 한다. 한정된 시간과 인력을 고려하여 주요 국책사업이나 쟁점 사안에 집중해야 한다. 의원별로 업무를 적정 분장하고 유기적으로 협력하는 팀플레이로 효율을 높여야 한다. 지엽적 사안까지 국감에서 건드릴 경우 과유불급인 간섭이 돼 공무원의 무사안일, 복지부동을 오히려 조장할 수 있다. 또 집행과정에서 유연성이 떨어져 적극적인 공무 수행을 방해할 수 있다. 그 피해는 고스란히 국민에게 돌아간다.

증인 채택을 두고 벌이는 여야 간의 쓸데없는 기 싸움도 보기 흉한 구태다. 증인을 마구잡이로 불러들이고 출석 여부를 따지며 의사일정을 허비하는 모습은 더 이상 보고 싶지 않다. 고함과 호통이 난무하는 아수라장은 국회의 품격을 스스로 떨어뜨리는 자해행위다. 자료 요청을 남발하는 습성도 고쳐져야 한다. 자료를 잔뜩 요청해놓고 질의는커녕 거들떠보지조차 않는 경우가 비일비재하다. 과연 의원들은 국정감사 자료준비와 답변자료 작성에 몇 달씩 매달려야 하는 피감기관의 인적·물적 낭비에 관심이나 있을까.

감사 시정의견 및 개선사항 문서화, 과정-결과 공시

무엇보다 하루에 여러 피감기관을 상대하면 심도 있는 감사 진행조차 어렵다. 국감 대상을 주요 기관으로 한정하거나 기관별 격년제 운용 등 전향적 검토도 필요하다. 국감 현장에서 발언을 끝낸 의원이 정작 답변시간에는 자리를 비우거나, 다른 의원들 질의시간에 감사장에 나타나지 않는 사례도 다반사다.

피감기관들의 행태도 바로잡아야 할 점이 적지 않다. 국정감사를 준비하는 과정에서 의원들의 자료제출 요구에 제대로 응하지 않거나, 심지어 의원실로 찾아가 "질의를 하지 말아 달라"며 읍소하는 행위까지 서슴지 않는다. 피감기관에서 의원들에게 질의답변서를 대신 써주는 관행은 공공연한 비밀로 통한다.

감사 결과 시정과 개선이 필요한 사항은 문서화하고 그 내용을 공시해야 한다. 그래야 국감이 일과성 연례 행사로 끝나지 않는다. 국정감사에서 도출된 시정 의견이나 개선 사항을 상임위별·기관별로 문서화하고 사후 점검하는 기능을 강화해야 한다. 여기에 일련의 과정과 결과를 국회와 해당 기관의 홈페이지에 공시, 감사의 사회적 구속력과 실효성을 높여야 한다. 정부 정책에 대한 심도 있는 점검을 통해 국감의 품질을 한 단계 업그레이드시켜야 한다. 세계 유일의 국정감사권을 맡겨준 국민에 대해 대한민국 국회가 지켜야 할 최소한의 책무이자 도리이다.

06 CPTPP 가입, 더 이상 미룰 숙제 아니다

세계 경제 13% 묶는 단일시장, 국익 우선해야

일본이 주도해 온 환태평양경제동반자협정(CPTPP)의 최종 서명이 이뤄지고 비준 절차에 들어갔다. 아시아 태평양지역을 거의 아우르는 '메가 무역협정'이다. 일본을 비롯해 호주, 뉴질랜드, 캐나다, 멕시코, 칠레, 페루, 싱가포르, 베트남, 말레이시아, 브루나이 등 11개국이 서명에 정식 참여했다. 미국이 빠지면서 앞에 CP, 즉 '포괄적이며 점진적(Comprehensive and Progressive)'이라는 명칭이 부가되었다.

11개 회원국의 역내 인구만도 5억 명에 달한다. 국내총생산(GDP) 기준으로 전 세계의 13.5%를 점하는 비중이다. 대략 10조 달러의 관세장벽 철폐 효과가 기대된다는 추산이다. 규모 면에서 28%의 북미자유무역협정(NAFTA), 31%의 역내 포괄적 경제동반자협정(RCEP)에 이어 세 번째다. 하지만, 미국이 참여할 경우 37%로 세계 최대의 경제블록이 된다. 교역 물품의 95%에 대한 관세를 단계적으로 철폐한다는 내용이 협정에 담겨 있다. 가히 강력한 경제공동체다.

미국의 복귀 여부는 여전히 초미의 관심사다. 미국이 협상에 참여했을 때 요구했던 조항들이 협정문에 대부분 그대로 살아 있다. 지식재산권 등 일부 조항만 보류된 상태다. 미국은 이들 11개국과 함께 2015년 10월 아시아-태평양 지역을 아우르는 세계 최대의 무역협정인 TPP를 체결했다. 하지만 2017년 1월 도널드 트럼프 행정부의 출범과 함께 전격 탈퇴한 상태다.

그랬던 미국의 태도가 최근 들어 달라졌다. 트럼프 대통령은 미국에 좋은 조건이 제시된다면 복귀할 수 있다는 입장으로 선회했다. 영국 또한 유럽연합(EU)을 탈퇴한 뒤 CPTPP에 가입할 수 있다는 의사를 내비치고 있다. 대만, 인도네시아 등도 가입을 고민 중이라는 외신들의 보도다.

높은 美 보호무역 장벽, 다자간 협정으로 대응

우리 정부는 가입 여부 결정을 앞두고 고민이 깊다. 경제 효과를 고려하면 미국과의 동반 가입이 최상의 시나리오지만, 미국이 요지부동이다. 단독 가입에 나섰다가 되레 경제적 손실을 볼 수 있다는 두려움에 어정쩡한 자세다. 뒤늦은 가입이라 참여가 쉽지 않을 수도 있다. 후발 주자로 들어가려면 11개국과 일일이 개별 협상을 벌여야 하기 때문이다. 기존 회원국 입장에서는 한국의 참여에 따라 시장개방의 정도와 피해 규모가 나라별로 달라져 셈법이 한층 복잡해질 수 있다. 특히 TPP를 주도하고 있는 일본과의 관계가 그리 좋지 않다는 점도 부담 요인이다.

어쨌거나 우리로서는 현실을 정확히 간파하고 이해득실을 자세히 따져 참여 여부를 결정해야 하는 입장이다. 날로 심해지는 미국의 보호무역 장벽에 대응할 해법으로 다자간 무역협정이 급부상하는 최근의 통상 흐름을 감안해야 한다. 그간 우리가 주력해온 FTA, 즉 국가 대 국가의 양자 간 협상보다는 CPTPP와 같은 다자간 협상을 통해 다른 나라들과 연합군을 이뤄 대응해야 할 필요가 커지고 있다.

한미 FTA만 하더라도 미국이 개정을 요구하고, 이와 별도로 한국산 제품에 보복성 관세를 물리면서 협상에 빨간불이 켜진 상태다. 우리가 미국과 함께 CPTPP에 포함되면 한미 FTA라는 1대1이 아닌 1대12의 다자 구도로 바뀌게 된다. 홀로 외롭게 싸우지 않아도 된다. 미국 입장에서는 양자 간 협정 때보다 다자간 협정에서는 상대할 국가들이 많아져 자국의 이익만 강요하기 힘들어진다.

환경이 새로워진 만큼 우리의 입장도 달라져야 한다. 지난날 이 협정에 참여를 추진했다가 일본을 의식해 포기했던 기억 따위는 말끔히 지워야 한다. CPTPP에 가입하여 자동차와 기초소재, 부품 등 일본 제품이 낮은 관세로 들어올 경우 내수 시장의 상당 부분이 잠식될 수 있다는 막연한 피해의식도 과감히 떨쳐내야 한다. 이미 CPTPP 11개 회원국 중 일본과 멕시코를 제외한 9개국과 양자 FTA를 체결해 관세가 상당 부분 철폐됐다. CPTPP가 발효되더라도 우리 경제에 미치는 부정적 영향이 크지 않다는 단견 또한 버려야 한다.

등거리 통상외교를 위한 RCEP 연계도 검토

오히려 CPTPP에 가입하지 않을 경우 초래될 각종 손실, 손해까지 내다보는 넓은 혜안이 정부에게 요구된다. 일례를 들어보자, 일본은 세계 시장에서 우리와 수출품목이 상당 부분 중복된다. 한국과는 FTA를 맺었지만, 일본과는 맺지 않은 국가들, 이를테면 캐나다와의 경우를 보자. 2017년만 하더라도 일본은 캐나다에 우리나라보다 두

배나 많은 수출을 했다. 우리나라가 CPTPP에 가입하지 않을 경우 일본의 캐나다 수출량이 더 늘고 우리 몫까지 뺏기는 최악의 상황이 얼마든지 벌어질 수 있다.

차제에 CPTPP에 맞서 중국이 주도해온 RCEP에 대한 입장도 확실히 정리해 두어야 한다. 중국을 겨냥한 미국의 수입규제 유탄을 맞고 있는 우리로서 RCEP로 중국과 묶이게 되면 상당한 후폭풍이 불가피하다. 한·미 FTA 개정 협상 등에서 미국 측의 압박수위가 거세질 게 분명하다. 미·중 간 무역전쟁에서 등거리 통상관계가 필요한 만큼 미국의 복귀가 임박한 CPTPP 가입은 RCEP와 연계시켜 검토하는 게 바람직하다. 미국의 CPTPP 참여 의도에는 중국 견제의 목적이 무겁게 실려 있기 때문이다.

우리나라는 TTP에 2013년 처음 관심을 보인 후 5년째 저울질만 해왔다. 관련국들 눈치를 살피며 우왕좌왕, 갈팡질팡을 반복했다. 지금도 정부는 '조속히 결정하겠다'는 말만 되풀이하고 있다. 충분한 검토야 의당 필요하겠지만 무작정 미루는 게 능사가 아니다. 정책의 요체는 타이밍과 스피드다. CPTPP 발효와 관련된 제반 동향을 면밀히 점검하고 통상절차법에 따라 국익을 극대화하는 해야 한다. 그런 관점에서 가입 여부를 조속히 결정지어야 한다. 선택의 시점은 코앞에 이미 당도해 있다. 시간은 우리 편이 아니다.

07 '더블케어'에 갇힌 중장년층, '트리플 큐어'가 정답이다

대한민국 중장년의 남은 삶은 '빈 둥지'

돈 장사에 매달린 금융회사도 이따금 볼만한 보고서를 내놓는다. 미래에셋은퇴연구소의 '은퇴 라이프 트렌드'라는 설문조사가 그렇다. 하지만 내용은 훌륭한데 전하는 메시지는 우울하다. 연로한 부모 모시랴 다 큰 애들 돌보랴, '더블케어'의 이중고에 짓눌린 중장년 세대의 안쓰러운 삶을 적나라하게 조명했다. 청년층 취업난과 늦은 결혼, 고령층의 기대수명 연장으로 성인 자녀와 노부모를 이중으로 부양하는 중장년 세대가 빠르게 늘고 있다는 보고다.

50~60세대 가운데 34.5%, 세 집 중 한 집이 이른바 '더블케어족(族)'이라고 한다. 더블케어는 일본 요코하마국립대학의 소마 나오코(相馬直子) 교수가 처음 명명한 용어로 정작 우리나라에서 더 유행어가 되었다. 내 몸 하나 건사키도 벅찬 나이에 위아래 세대를 동시에 부양하는 이중고에 한국의 중장년은 시달리고 있다.

당장 경제적 부담이 무겁다. 퇴직 후 국민연금 외에는 변변한 수입도 없는 처지에 돈 들어갈 데는 많다. 심지어 미취업으로 동거하는 30대 미혼 자녀 용돈도 챙겨줘야 한다. 혼자 사시는 노부모의 생활도 자식으로서 못 본 척할 수 없다. 양쪽 세대 뒷바라지에 가구 소득의 20%가 쓰이는 현실이 이번 실태조사로 밝혀졌다.

그래도 이 정도는 견딜 만하다. 문제는 아직 준비되지 않은 목돈이 들어갈 때다. 자녀 혼사라도 치르려면 결혼비용과 신혼집 전세보증금을 보태야 한다. 평생 일해 마련한 집을 팔고 변두리로 집을 줄여 이사하는 경우가 적지 않다. 그나마 노부모에게 노환이라도 닥치는 날이면 큰일이다. 큰 수술을 받거나 입원을 하면 비용이 만만치 않다. 정도 차이는 있을지언정 대다수 일반적인 대한민국 중장년이 겪는 '노심초사 빈 둥지 삶'의 일상일 것이다.

서민 보듬는 정부의 취업, 주택, 노인 정책이 절실

설상가상 몸도 한가하거나 성치 않다. 자칫 맞벌이 자녀 애들까지 돌봐야 한다. 더블케어를 하는 10가구 가운데 4가구꼴로 손주까지 양육하는 이른바 '트리플 케어'를 감당하고 있다. 차츰 쇠약해진 상태로 애들을 돌보려니 육신이 성한 곳이 없다. 건강검진이라도 한 번쯤 받아보고 싶지만, 자식들 걱정할까 봐 입 밖에도 꺼내지 못한다.

할 말은 많지만, 차라리 참는 게 속 편하다. 막상 터놓고 얘기할 곳도 마땅치 않다. 자식에게는 더 어렵다. 하지만 참고 지낼수록 더더욱 하고 싶은 게 말이다. 자칫 병이 된다. 그나마 만만한 게 정부다. 자식들 잘 키워도 정부만 못할 때가 많다. 매달 25일 어김없이 통장에 연금을 입금하는 정부만 한 효자도 어디 있는가 싶다. 그러나 그것으로는 많이 부족하다.

우선 일자리가 필요하다. 새 정부 들어 일자리 정책이 봇물이 터지듯 하지만 현장에서 느끼는 체감도는 극심한 봄 가뭄 수준이다. 청년

일자리 대책은 백약이 무효인 상태다. 막대한 일자리 예산이 투입되었지만, 청년실업률은 사상 최고치를 고공행진 중이다. 이름만 바꾼 미봉책들이 적지 않고, 최저임금 인상과 근로기간 단축 또한 일자리 확대의 발목을 잡고 있다. 정책의 실효성이 부족한 것이다.

채용경로도 공정하거나 공평하지 않다. 그냥 '알음알음'이다. 임원이 추천한 사람이 합격하는 채용 비리가 비단 은행만의 일이겠는가. 사회 전체에 만연된 구조적 병폐라는데 다수가 공감한다. 모집 공고가 뜨면 이미 대상자가 내정된 상태라는 신호로 받아들이는 사회 분위기다. 정부 고위직부터 '짜고 치는' 인사가 횡행하다 보니 생겨난 불신풍조다. 정권이 바뀌어도 낙하산 인사가 지속되는 건 마찬가지다.

노인 일자리라고 다를 리 없다. 생활임금에도 못 미치는 일자리마저 연줄이 없으면 언감생심이다. 관공서 홈페이지에 공고되는 기간제, 일용직 채용도 낙타의 바늘귀 통과보다 힘들다. 괜한 노력과 시간만 낭비할 뿐이다. 초등학교 보안관 채용 10곳에 응시했다가 단 한 곳에서도 서류심사조차 통과하지 못했다는 금융회사 전직 간부의 하소연은 남의 일이 아니다. 연고가 있는 고소득 퇴직 교사나 퇴역 군인의 몫으로 돌아가는 '그들만의 리그'에 초라한 들러리만 선 꼴이다.

"시장을 읽으면 정책이 보여요"

아이들 혼사를 치르다 보니 주택정책의 허점도 크게 보인다. 우선 주택 대출을 억제하니 돈 없는 사람은 내 집 마련이 오히려 힘들어졌다. 목돈 거머쥔 사람에게 기회가 돌아가고 무주택자를 울리는 '부동산 규제의 역설' 때문이다. 분양가가 주변 시세보다 싸 당첨만 되면 거액을 챙기는 '로또 아파트'는 가진 자들의 잔치마당이 되고 만다. 중도금 대출이 막히면서 자기 돈 없는 사람에게는 꿈에 불과하다. 괜히 배만 아프다.

요즘 강남 지역에서 84㎡ 아파트를 분양받으려면 계약금, 중도금 합해 내 돈 10억 원쯤 쥐고 있어야 한다. 믿기 어렵지만 사실이다. 어서 분양가 규제를 완화하고 중도금 대출 규제를 일부 풀어야 한다. 생애 최초로 주택을 구매하는 세대주에게는 주택담보인정비율(LTV)도 완화해야 한다. 그래야 절망한 젊은이들이 내 집 마련 꿈을 다시 품을 수 있다. 시세 차가 큰 분양에는 국민주택채권 매입을 의무화시키고 분양 이익의 일부를 임대주택 공급으로 돌려야 한다. 그래야 돈 없는 서민에게 골고루 혜택이 돌아갈 수 있다.

육아 문제도 심각하다. 중장년 세대를 육아 도우미로 활용하면 문제가 풀릴 수 있다. 신체적·시간적 여유가 있는 자원자를 대상으로 정부가 육아 일자리를 알선하고 육아 수당을 지급하자. 그러면 젊은이들은 안심하고 경제활동에 전념하고, 중장년층은 새로운 일자리를 통해 추가 소득을 얻을 수 있다. 정부로서도 일자리가 늘면 세수가 커지고 연금 수입도 확대되니 이득이다. 본질적으로 '경제의 선순환'에도 속도와 탄력이 붙는다. 자녀 육아, 노인 일자리, 세수 증대를 한꺼번에 해결하는 '트리플 큐어(cure)'의 비책이다. 시장을 잘 읽어야 좋은 정책이 보인다.

08 적폐청산, 동국사와 옥스퍼드대학에서 배운다

현재의 가치로 역사를 지우지 말아야

군산 동국사(東國寺)는 국내 유일의 일본식 사찰이다. 경술국치 한 해 전인 1909년 일본인 승려 우치다에 의해 창건되었다. 1913년 에도시대 불교건축 양식으로 지어져 현재까지 초창기 모습 그대로다. 대웅전과 요사채가 실내 복도로 이어진 게 특징이다.

화려한 단청이 있는 한국 전통사찰과는 달리 처마에는 아무런 장식이 없고 대웅전 외벽에 수많은 창문이 달렸다. 완연한 일본식이다. 한 주에 50명쯤 방문한다는 일본인 방문객들은 감회가 각별할 것이다. 하지만 이 땅의 한민족에게는 일제강점기 슬픈 역사의 상흔이다.

일본 불교는 1877년 부산 개항과 더불어 이 땅에 들어왔다. 포교 목적보다는 한국을 일본에 동화시키려는 의도가 더 컸다. 해방되면서 500여 개의 일본 사찰은 철거되었다. 동국사 또한 사라질 뻔한 위기를 겪었다. 석불상과 사찰 입구 기둥에 새겨진 일본 글씨들이 쇠망치로 뭉개졌다. 입구 돌기둥에 새겨진 '소화(昭和) 9년'이라는 일본 연호의 '소화' 글자를 누군가가 파버린 흔적도 보인다.

1995년 조선총독부 건물로 쓰였던 옛 중앙청 건물이 헐리자 군산시에서 동국사 철거문제를 들고 나왔다. 이런 와중에서 대웅전과 요사채, 범종이 온전하게 보존될 수 있었던 사정을 사찰 측은 간단명료히

설명한다. "아픈 역사도 엄연한 역사인데 지우려고만 든다고 지워지나요. 반면교사로 삼아 후대에 교훈으로 남겨야지요." 정곡을 찌르는 일침이다.

아픈 역사도 엄연한 역사, 후대의 교훈

역사 지우기의 문화는 만국 공통인 듯하다. 2015년 말 영국에서는 세실 로즈 동상 철거와 관련한 과거사 논쟁이 격렬했다. 19세기 후반 영국의 남아프리카 식민지 개척에 앞장섰던 로즈는 원주민 학살, 토지 수탈 등 수없는 만행을 일삼았다. 케이프주 식민지 총독이 되어 다이아몬드광과 금광을 비롯하여 철도, 전신 사업 등을 경영하면서 남아프리카 경제를 짓밟고 거대한 부를 거머쥐었다.

축적된 재산 일부는 사후 모교인 옥스퍼드대학에 기증되었다. 대학은 이를 기념해 캠퍼스 구내에 그의 동상을 건립했다. 공교롭게도 로즈 장학금으로 남아공에서 온 유학생이 동상 철거를 주장하면서 과거사 논쟁으로 번졌다. 살벌했던 상황은 옥스퍼드대학 총장의 따끔한 충고로 일거에 잠재워졌다. "역사는 현재의 시각으로 쓸 수 있는 빈 페이지가 아니다."

과거사 살리기는 문재인 정부에서도 목격된다. 정권 출범 후 이루어진 정부조직 개편에서다. 새 정부 조직은 박근혜 정부에서와 크게 달라지지 않았다. 특히 주목을 받았던 부분은 폐지 후보 1순위에 올랐던 미래부가 살아남은 점이었다. 과학기술정보통신부로 명칭은 바뀌었지만, 과학기술정책을 총괄하는 차관급 과학기술혁신본부까지 설치되었다.

과학기술혁신본부장은 차관급임에도 국무회의에 배석해 중요 정책 결정에 직접 참여할 수 있게 되었다. 위상이 오히려 높아진 셈이다. 미래부가 창조경제 정책을 총괄해온 지난 정부의 상징부처였던 터라 예상을 뒤엎는 결과였다. 정권에 따라 있던 부처를 없애고 새로운 부처를 만들기보다는 될 수 있으면 조직의 연속성을 이어가려는 정부의 의지가 자못 신선했다.

현 정부가 과거사 지우기를 거부한 실례(實例)는 이 말고도 더 있다. 혁신기업의 창업 활성화를 위해 지난 정부가 요란하게 내세웠던 창조경제혁신센터의 기능을 유지하기로 했던 점이다. 정권이 바뀌고 창조경제가 새 정부의 적폐청산의 표적으로 내몰리면서 전국 18개 센터가 즉각 문을 닫을 것이라는 예측이 대세였다. 그런데 폐쇄는커녕 유지하는 쪽으로 결말이 났다. 중소벤처기업부 산하로 재편해 명칭을 바꾸고 대기업의 역할을 줄이면서 일자리 창출 기능은 강화되었다. 실사구시적 안목이 돋보이는 대목이었다.

역사가 현재의 시각으로 쓰는 빈 페이지인가

과거사 지우기는 한국 정치의 고질적 폐습으로 간주되어 왔다. 이명박-박근혜 정부는 김대중-노무현 정부 10년의 흔적을 지우는데 안간힘을 쏟았다. 진보 문화계 인사들의 블랙리스트를 만들어 탄압했고 공영방송을 장악했다. 상해 임시정부와 위안부 역사 지우기에 공들인 '박근혜표' 역사 교과서의 국정화를 강행했다.

새 정부 역시 이런 흐름에서 벗어나지 못한다는 지적이다. 국정원 댓글, 문화 연예계 블랙리스트, 방산 비리, 4대강 사업, 자원 개발, 공영방송 장악, BBK 사건, 군 적폐청산, 5.18 특별조사, 역사 교과서 폐지, 한일 위안부 합의 등이 줄줄이 적폐청산 리스트에 오르고 있다.

과거지사에 대해 시시비비를 가리는 일은 신성한 국가적 책무라 할 수 있다. 정치보복이나 국론분열의 불씨로 몰아갈 일이 못 된다. 안보위기, 민생위기, 경제위기를 구실삼아 켜켜이 쌓인 적폐를 못 본 척 눈 감고 어물쩍 넘어갈 수는 없다. 잘못된 역사를 되풀이하지 않기 위해서다. 지울 것은 지우고 살릴 것은 살리는 게 역사에 대한 바른 접근 방법이다.

"적폐청산은 개개인에 대한 문책이나 처벌이 아니라 과거의 불공정한 특권구조를 바꾸는 것이며 정치보복이 아니다." 대통령의 절절한 대국민 호소다. 변화와 보복의 차이가 당장 와 닿지 않는다는 이들에게 보다보다 못해 나온 하소연일 것이다. 진정성에 의심의 여지가 없어 보인다. 현재의 가치를 저해한다는 이유만으로 역사를 무작정 지우지 않았던 동국사와 옥스퍼드대학. 그들의 용기 있는 혜안을 배울 때다.

09 정부는 대학입시에서 손 떼라

국가의 통제·관리에서 공공성에 기초한 입시로

대학입시 철이 가까워져 오면 마음에 걸리는 게 있다. 입시제도이다. 대학입시만큼 조변석개로 자주 바뀐 게 없다. 대입제도의 지난 변천사는 한마디로 난맥상의 파노라마다. 제도가 국가와 사회의 발전과 혁신을 가로막은 불행한 역사다.

1946년부터 1953년까지 대학별 단독시험제를 시행했다. 각 대학이 자율적으로 시험을 시행하는 방식이었다. 1954년에는 대학별 고사와 함께 대학 입학 연합고사가 시행되었다. 1955년부터 1961년까지는 다시 대학별 단독시험제를 시행했다. 이후 1962년부터 1963년까지는 1954년의 대학입학 연합고사와 비슷하게 대학입학자격 국가고사제를 시행했다. 이 관문을 통과한 학생만 대학별 시험을 볼 수 있었다.

1964년부터 1968년까지는 또다시 대학별 단독시험제를 시행했다. 1969학년도부터 1981학년도까지 예비고사를 두었고 본고사가 폐지된 1981학년도를 제외하면 예비고사와 본고사를 통과한 학생만 대학에 갈 수 있었다. 1982학년도부터 1993학년도까지는 학력고사와 대학별 고사를 통해 학생을 선발했다.

1994학년도부터는 학력고사를 폐지하고 대학수학능력시험이 실시되었다. 1994학년도 대학입시에는 대학수학능력시험과 대학별 고사를 함께 치르기도 했다. 이후 정부의 '본고사 금지' 정책에 따라 1997 학년도부터는 논술고사 또는 면접고사를 치르고 이를 점수화하여 입시에 반영한다. 2022학년도 이후는 대학입시가 수시와 정시의 구분이 없어지는 등 대폭 변화할 전망이다. 교육부는 대통령 직속 국가교육회의가 확정해 달라고 요청했다. 2021학년도 대학수학능력시험을 절대평가로 전환하는 방안을 추진했다가 학생·학부모 반발에 막혀 재논의한 결과다.

갈팡질팡, 오락가락의 연속이다. 교육은 백년지대계라 했건만, 대계는 고사하고 일관성이란 터럭만큼도 찾아볼 수 없다. 대학 자율에 의한 선발방식과 국가 관리와 통제에 의한 선발방식 사이에서 변동과 변신을 거듭해 왔다. 임기응변적 보완이나 대증요법적 처방이 극심했다. 그 사이 입시제도는 누더기가 되었다. 문제가 생겨 한쪽을 바꾸면 생각지 못한 다른 쪽에서 부작용이 불거졌다. 마치 '두더지 잡기 게임'을 연상시킨다. 퇴로나 출구를 찾기 힘든 미궁, 미로에 빠진 것은 아닌가.

대입제도에서 정부가 손을 떼야

엄밀히 말하면 대학입시는 정부가 관장할 일도 아니다. 손을 떼야 한다. 신입생을 선발하는 권한은 본디 대학 본연의 역할이자 배타적 고유 기능이다. 오랜 세월, 정부가 입시를 진행하고 관리·감독을 해오다 보니 입시업무가 행정서비스로 착각하기에 이른 것이다. 정부는 자신의 업무로, 대학은 정부로부터 받은 서비스로 오인한다. 수험생이나 학부모마저도 정부가 챙겨야 할 일로 잘못 인식하고 있다.

심각한 부작용은 정작 생각지도 못한 데서 발생했다. 입시의 주체가 되어야 할 대학의 신입생 선발능력이 감퇴, 소실된 현실이다. 당장 내년부터 대학에서 직접 학생들을 뽑으라고 해도 이를 제대로 해낼 만한 대학이 그리 많지 않아 보인다. 오히려 대다수 대학이 못한다고 손사래를 칠 게 분명하다. 70년 전, 즉 1940년대의 대학이 해냈던 일을 지금의 대학이 해내지 못하는 어처구니없는 상황이 빚어질 수 있다.

정부의 간섭과 통제에 길든 우리 대학의 참담한 현주소이다. 해마다 정부가 나서서 수능시험을 주관하고 표준점수, 백분위, 등급 등의 성적자료를 대학에 공급해주다 보니 초래된 현상이다. 그동안 대학은 고등학교에서 학생들이 어떤 커리큘럼으로 무슨 과목을 어느 정도 학습했는지를 알지도 못했고 알 필요조차 없었다.

어찌 보면 대학 입장에서는 정부 주도의 입시제도가 그렇게 편할 수 없었다. 정부가 막대한 인적·물적 자원과 시간을 투입해 수능시험을 진행하고 그 결과를 대학에 무상으로 넘겨주는 현행 구조를 마다할 아무런 이유가 없었기 때문이다.

학생선발 능력 퇴화한 '불임' 대학 방치

대학입시는 국가가 통제하거나 관리하는 방식보다는 학교가 공공성과 자율성에 따라 자체적으로 운영해 나가야 한다. 단기간의 시행착오와 변경을 반복하는 악순환에서 어서 벗어나야 한다. 장기적이고 발전적인 안목에서 입시제도에 대한 정책이 수립되고 집행되어야 마땅하다.

정부는 대학입시에 관여하지 않는 게 맞다. 수학능력시험을 폐지하고 대학에 학생선발권을 넘겨주어야 한다. 여건상 당장 어려우면 단계적으로 시행될 수 있도록 로드맵이라도 서둘러 마련해야 한다. 언제까지 정부가 대입 문제를 꿰차고, 심지어 수능 당일의 일기예보나 지진 예측까지 도맡을 것인가. 정부도 힘들고 대학도 힘들다. 최대의 피해자는 그사이에 낀 수험생이다.

어차피 세계적 수준으로 성장한 대한민국 대학을 믿고 맡길 때도 되었다. 이것이 시장, 경쟁, 자율의 시대정신이 대두되는 작금의 교육환경에 부합되는 조치라 할 수 있다. 1인당 국민총소득(GNI) 3만 달러, OECD 회원국에 어울리는 정책이다. 전시작전통제권만 환수할 게 아니라 신입생 선발권부터 대학은 환수해야 한다. 한국 대학을 더는 학생선발 능력이 퇴화한 '불임(不姙)' 상태로 방치하면 안 된다. 믿고 대학에 맡기면 잘할 수 있을 것이다. 발상의 전환이 필요하다. "계란을 깨지 않고는 오믈렛을 만들 수 없다."

10 특수활동비,
낡은 허물은 벗어 던져야 한다

말도 많고 탈도 많은 특수활동비

특수활동비 문제가 아직도 미결 상태다. 한동안 떠들썩하다 어느새 잠잠해졌다. 박근혜 정부의 '문고리 3인방'이 국가정보원 특수활동비를 수뢰한 혐의로 검찰에 체포되면서 촉발된 논란이었다. 특수활동비는 기밀 유지가 요구되는 정보 및 사건수사, 이에 준하는 국정 수행 활동에 직접 소요되는 경비를 말한다. 수령자가 서명만 하면 사용처를 보고하지 않아도 되고 영수증도 필요 없다. 이른바 '눈먼 돈'으로 불리는 이유다.

특수활동비는 재정 당국과 국회의 통제에서 사실상 벗어나 있다. 국회에 제출되는 예산안에도 부처별 총액만 편성하고 세부 명세는 밝히지 않아 용처를 알기 힘들다. 지출증빙도 필요 없어 사후검증도 불가하다. 더욱이 국가정보원 예산은 국정원법에 의해 총액으로 요구·편성되며 심의는 국회 정보위원회에서만 비공개로 진행되고 예결위 심사는 면제된다.

특수활동비 운영에 대한 법적 근거도 모호하다. 이처럼 중대한 예외적 사안이 법률 규정이 아닌 기획재정부가 발간하는 '예산 및 기금 운영계획 지침'에 따라 여태까지 시행되었다. 실로 기이하다. 법치국가의 국가예산이 헌법과 법률의 테두리 밖에서 집행되어 왔다니.

운영 또한 엉망이다. 특수활동비의 검은 역사는 그 뿌리가 깊다. 공직자들이 식대, 유흥비, 골프 접대, 직원이나 기자들의 격려비 등 쌈짓돈처럼 쓰다 적발된 사례가 허다하다. 장관, 검찰총장, 차관, 헌법재판소장 후보자 등 힘깨나 쓰는 인사들이 그 장본인이다. 국회의원시절 특수활동비를 집에 생활비로 갖다 주었음을 고백한 야당의 유력정치인도 있다. 가히 현대판 '흥청망청'이라 할 수 있다. 참여연대가 밝힌 2011년부터 2013년까지 3년간 국회의원 '쌈지돈'으로 쓰인 국회 특수활동비 만도 매년 80억 원씩 총 240억 원에 달했다.

특수활동비는 현대판 '흥청망청'

국정원 특수활동비의 경우는 정도가 더 심하다. 국정원 개혁발전위원회는 박근혜 정부 당시 국정원이 특수활동비로 보수 성향의 인터넷 언론을 설립해 '여론조작'을 시도했다는 사실을 밝혔다. 이명박 정부 시절에는 국정원이 2012년 대선 직전 민간인 여론조작팀에 특수활동비를 사용한 사실도 드러났다.

사이버사령부 530단이 국정원에 특수활동비를 받아 여론몰이를 위한 콘텐츠 사업에 뛰어들었다는 의혹도 불거지기도 했다. 오프라인 심리전을 위해서도 자금을 지원했는데 그 출처가 국정원 특수활동비였다. 급기야 지난 정부 시절에 국정원 간부들이 특수활동비 가운데 수십억 원을 정기적으로 청와대에 상납했다는 의혹마저 제기되었다. 갈 데까지 간 것이다.

이쯤 되면 특수활동비는 폐지되는 게 맞다. 국정원이나 경찰 등 대북 활동이나 기밀 업무와 상관이 없는 정부 부처와 국회 등의 특수활동비는 없애야 한다. 필요하면 업무추진비로 양성화시켜 떳떳이 사용하는 게 옳다. 당장 폐지가 어렵다면 규모를 과감히 줄이는 노력이라도 기울여야 한다. 그럼에도 불구하고 2018년 예산에서 특수활동비는 여전히 건재하다. 국정원은 전년도와 동일한 4930억 원 수준이며, 나머지 19개 기관은 17.9% 줄어든 3289억 원으로 편성되고 말았다.

이래서는 안 된다. 앞으로 지속적으로 최대한 삭감하고 계속 줄여나가야 한다. 빠른 시일 내에 전액 삭감해야 한다. 문재인 정부는 청와대의 특수활동비와 특정업무경비를 절감해 청년일자리 창출과 소외계층 지원예산으로 활용을 약속하지 않았던가. 문대통령 재임 중에 없애는 게 상책일 것이다.

정보기관 예산, 입법부가 통제해야

국정원 특수활동비에 대한 쇄신도 필요하다. 외국도 정보기관의 특성상 예산 비밀주의에 대한 기조는 유지하면서 입법부의 통제권은 인정하는 추세다. CIA 등 미국의 정보기관은 예산 승인 과정에서 상·하원 8개의 위원회 심사를 거친다. 정보기관이 활동 목적과 금액 등이 제시된 자료를 의회에 제출하면 위원회 심사 과정에서 특정 사업을 폐지하거나 추가한다. 이렇게 조정을 거쳐 승인이 되는 구조다.

독일은 연방 의회의 정보기관 감독기구인 통제위원회 외에 정보기관의 예산 심의·승인을 전담하는 기밀위원회를 두고 있다. 기밀사항이나 안보에 관련됐다는 등의 단순한 사유만으로 구체적 이유 없이 입법부의 자료 요구를 거부할 수 없다.

국정원 예산의 경우 전체 금액을 뭉뚱그려 특수활동비로 편성한다. 다분히 주먹구구식 억지다. 인건비 등 경상적인 경비는 제외하고 비밀활동비만을 계상하는 것이 합리적이다. 인건비나 경상비용까지 정보 및 사건 수사, 이에 준하는 국정 수행활동에 직접적으로 소요되는 경비로 인정하는 것은 무리한 자의적 확대 해석이다.

프랑스의 경우만 하더라도 기밀은 보호하되 인건비나 운영비 등의 일반 예산은 공개하고 있다. 국가 기밀이라는 말로 모든 것을 설명하려 들어서는 안 된다. 과도한 비밀주의의 특권은 국가 안보에 기여하기는커녕 도리어 부적절한 정치개입 등 부작용만 초래한다. 우리는 지난 정부의 실패사례에서 뼈저리게 체험하지 않았는가.

독일, 스위스, 스웨덴 등 구미(歐美) 국가에서는 영수증 없이 예산을 사용하는 일은 상상조차 힘들다. 그랬다가는 당장 파면감이고 형사처분 대상이다. 이들 국가가 달리 선진국이 아니다. 정치 경제뿐만 아니라 의식이 앞서있기 때문이다. 특수활동비는 권위주의 시대의 산물이다. 21세기 민주사회에는 어울리지 않는 진부한 관행이다. 국민소득 3만 달러로 세계 수출순위 6위까지 뛰어오른 경제 대국 대한민국의 면모에 걸맞지 않다. 말도 많고 탈도 많은 특수활동비의 낡은 허물은 이제 벗어 던질 때가 되었다.

11 춘래불사춘(春來不似春),
직장인은 봄이 두렵다

3월에서 5월까지 직장인의 3대 '보릿고개'

월급 받는 직장인은 유독 '봄을 탄다'. 봄만 되면 우울해지고 몸이 가라앉는다. 세금과 보험료 때문이다. 급여명세서를 받아드는 순간 아연실색이다. 소득은 제자리걸음인데 공제 금액만 늘어 있다. 실수령액이 줄어들어 월급봉투는 가볍기 그지없다. '4월의 폭탄'은 건강보험료다. 3월 근로소득세 연말정산에 이은 '건보료 폭탄'이라 충격이 가중된다. 5월에는 기타 소득, 사업소득 등과 합해 종합소득세까지 신고해야 한다. 텅 빈 주머니로 3번의 '보릿고개'를 연달아 넘어야 한다.

정산 대상 1400만 명 가운데 직장인 840만 명이 건보료를 더 내야 한다. 늘어난 소득을 반영한 정산 보험료가 한 사람당 평균 13만8천 원이다. 4월분 건보료 말고도 지난해 변동된 보수액을 반영한 정산 보험료도 함께 내야 한다. 기업도 급여가 오른 직장인과 동일한 금액을 보험료로 지출해야 한다. 월급이 줄어든 직장인 291만 명은 한 사람당 평균 7만9천 원씩 보험료를 돌려받게 된다. 개인별 최고 추가 납부액은 2,849만 원, 최고 환급액은 2,628만 원으로 집계되었다. 나머지 269만 명은 보험료 변동이 없다.

직장 가입자 건보료는 당월 보수액에 보험료율을 곱하고 이를 노동자와 사용자가 반반씩 부담한다. 현행 보험료율은 6.12%다. 정부는 그해 보험료를 전년도 보수 등을 기준으로 책정한다. 월급이 오르거나 성과급 등 추가 보수가 생기면 이를 모두 합산해 보험료가 계산된다. 매달 일일이 변경된 금액을 신고하지 않고 건보공단이 이듬해 각 기업으로부터 지난 1년간 보수 총액을 제출받아 정확한 보험료를 산출한다.

언뜻 기업과 직장인을 배려하는 제도처럼 보인다. 실제는 정반대다. 돈 걷는 건보공단으로서는 별일 아니겠지만, 돈 내는 기업이나 직장 가입자는 번거롭고 힘에 부친다. 지난해 급여가 올랐다고 올해 와서 한 달 치 월급에서 일 년분 인상 보험료를 한꺼번에 내는 건 부담스럽다. 고용보험만 하더라도 요율이 낮아 체감도가 그리 높지 않지만, 상대적 고율인 건강보험료의 경우는 버겁다.

건보료 정산은 기업과 직장 가입자를 위한 제도?

건보공단의 설명은 이해가 쉽지 않다. "건보료 정산은 사업장별로 보수지급 체계, 시기, 방법 등이 다르더라도 소득에 따라 공정하고 형평에 맞게 부과하기 위한 것으로 사업장의 업무 부담을 덜어주려는 취지가 크다"는 것이다. 게다가 정산 보험료는 작년에 내야 했던 보험료를 다음연도 4월까지 유예했다가 후납하는 것으로 보험료 인상이 아니라고 한다. 보험료가 오르는 것처럼 보이는 착시현상이라는 일방적 주장이다.

보험료 후납과 보험료 인상이 다르다는 걸 모르는 사람은 없다. 하지만 후납되는 보험료가 건보료 수입의 상당 부분을 점하는 현실 또한 부정하기 힘들다. 말장난으로 문제의 본질을 호도하려는 의도로 오해된다. 차라리 보험료를 더 걷기 위한 불가피한 조치임을 솔직히 시인하고 직장 가입자의 이해를 구하는 게 도리가 아니겠는가.

그나마 2018년부터는 5회 분할납부 제도가 시행되어 일시납부에 따른 부담이 경감되었다. 불행 중 다행이다. 직장 가입자가 내야 하는 정산 보험료가 4월 한 달치 보험료 이상인 경우 별도의 신청절차 없이 5회로 분할되어 고지된다. 다만, 일시납부 또는 10회 이내로 횟수 변경을 원하는 근로자는 사업장 사용자의 신청에 따라 분할납부 차수 변경신청서를 관할 지사에 제출하면 된다. 기왕 분납을 허용할 바에는 신청 없이 12회 장기 분납을 허용하면 더 좋을 것을.

840만 직장인 울리는 건보료 정산

종국적으로 건보료 정산은 폐지되는 게 맞다. 국민연금처럼 실제 받는 보수월액을 기준으로 보험료를 산정하는 형식이 바람직하다. 그렇게 되면 복잡다단한 정산절차가 필요 없어져 기업의 업무량이 줄고 일시납부로 인한 근로자 부담도 덜 수 있다.

차선책도 대안이다. 건보료 징수는 현행 방식을 유지하되 정산을 하지 않는 방식이다. 지역가입자처럼 한번 결정된 금액을 1년간 유지하는 내용이다. 이 경우 2017년 기준 연간 1조 8,615억 원의 건보료 수입이 줄어들게 된다. 건보공단으로서는 당연히 반대할 것이다. 그러나 건강보험 재정 확대는 보험료율 인상을 통해 이루어지는 게 바람직하다. 지금처럼 전년 보수 인상액만큼 추가 징수하는 형식은 보험료를 더 거두려는 눈속임은 아닌가.

보험기간 중 보험료 정산은 이론적 근거도 미약하다. 보험계약은 가입자가 보험료를 지급하고 보험자가 불확정한 사고가 생기면 보험금액을 지급할 것을 약정함으로써 효력이 발생한다. 따라서 보험계약이 성립되고 매월 보험료를 내고 있으면 그것으로 충분하다. 매년 보험료를 정산해 추가 징수를 하는 건 권한 남용에 해당할 소지가 크다. 공적 보험기관이 취할 태도로서도 적절치 못하다.

문제가 많은 제도는 국민을 불편하게 한다. 결국 오래가지 못한다. 개선과 혁신을 통해 더 나은 대안을 강구해야 한다. 건보공단이 내세우는 '공정신뢰, 상생발전, 창조혁신'의 경영이념의 원칙과 가치란 그런 방향과 목표가 아니겠는가.

12 중년 창업이 진짜 창업이다

창업도 '현장에 답있다'

청년창업은 한국경제의 '아이돌'이다. 마냥 화려하고 좋아 보인다. 국민적 관심과 기대가 크고 정부 지원도 풍성하다. 아이디어 및 기술개발 사업화, 보증과 대출을 통한 금융지원, 정부 보조와 출연 등이 망라되어 있다. 창업지원 기간도 창업 후 7년까지, 창업자 연령도 39세 이하로 넉넉하다. 교육, 멘토링 지원, 창업 공간 제공, 보육서비스도 정부나 지방자치단체, 관련 기관과 단체 등을 통해 앞다퉈 이뤄진다.

세금 우대도 상당하다. 15세 이상 29세 이하의 청년이 28개 업종을 창업할 경우 3년간 소득세나 법인세의 75%가 감면된다. 그다음 2년 동안도 50%의 세액 감면 혜택이 주어진다. 청년들의 도전정신과 젊은 패기를 활용한 스타트업을 양산, 국가 경제의 신성장동력 확충과 일자리 창출을 도모하려는 정부 의지가 강력하다.

청년창업에 관련된 성공담은 이미 낯설지 않다. 구태여 마이크로 소프트의 빌 게이츠, 페이스북의 저커버그, 우버의 캘러닉, 에어비엔비의 체스키 등을 인용할 필요조차 없다. 국내에도 다음이나 네이버 등 성공한 청년창업의 주인공들이 즐비하다. 대학생 또래의 새내기가 신사업에 뛰어들어 혁신적인 서비스나 상품으로 엄청난 부를 거머쥔 스토리들도 자주 매스컴에 오른다.

당연히 권장할 만한 청년창업이다. 하지만 현실은 다르다. 어디까지나 남의 일인 경우에나 해당하는 얘기다. 대학생 나이의 내 자식이나 형제가 창업을 원하는 경우에는 사정이 확 달라진다. 어떻게 말려야 할지 그때부터 태산 같은 걱정이 시작된다. 실패에 뒤따르는 부작용과 후유증에 대한 우려로 밤잠을 설쳐야 한다. 사업 경험은커녕 세상물정에 어두운 상태로 창업에 나섰다가 패가망신한 젊은이를 수없이 목격해온 탓이다.

현장과 실무 경험 있는 중년 창업이 유리

자기 자식은 좋은 직장에 취직하기 바라면서 남에게는 창업을 권하는 자가당착이다. 이들에게 창업은 더 이상 '지지하고 도와야 하는' 지원(支援)의 대상이 아니다. '원하는 바를 막아야 하는' 지원(止願)의 목표물이 되고 만다. 정부로서도 이 점을 고려해 신용보증기금과 중소기업진흥공단에서 보증이나 대출을 받을 때 법인 대표자의 연대보증을 폐지하는 보완책을 마련했지만, 그 정도로 해소될 고민이 아니다.

창업은 청춘 세대의 이미지와도 잘 어울린다. 혁신적 아이디어, 젊음의 에너지, 명석한 두뇌를 소유한 20, 30대 젊은이의 캐릭터와 일맥상통한다. 하지만 현실은 이런 이미지와는 거리가 멀다. 오히려 정반대다. 미국 인구조사국 하비에르 미란다, MIT 슬론 경영대학원의 피에르 아주레이 교수가 이끄는 연구팀이 미국 통계청 자료를 이용, 미국의 창업가 270만 명의 사례를 분석했다. 결과는 충격적이다.

가장 성공적인 창업자의 평균 연령은 45세였으며, 일류 기업으로 키워내는 능력은 20대 창업자가 가장 떨어진다는 결론이다. 청년창업이 더 역동적이고 최신 기술에 익숙하며 가족 등 개인 리스크가 적다는 기존의 상식을 전면 부정한다. 청년창업도 좋지만, 중년 창업이 시급하고 근본적인 쟁점이 될 수 있겠다는 추론에 이르게 한다.

국세통계연보에 의하면 우리나라의 창업자 중에서 가장 높은 비율을 차지하는 연령대가 40대로 나타났다. 그들 중 상당수는 해당 분야에 근무하다 독립하여 창업에 나서는 경우일 것이다. 경영능력과 나이와의 상관관계야 따져볼 수도 없고 따져서는 안 되겠지만, 분명한 것은 현장경험이 뒷받침되는 중년 창업이 갖는 유리함이 적지 않다는 사실이다.

청년보다 중년 창업이 성공률 더 높다

경험이 풍부할수록 성공에 대한 자신감은 강해진다. 많은 경험과 깊은 전문지식의 활용도 쉽다. 사업 실행에 필요한 자원이 풍부하고 사업 아이디어를 활용할 네트워크 또한 다양하다. 성공한 청년 창업가 중에도 중년에 이르러 전성기를 구가하는 경우가 적지 않다. 스티브 잡스의 황금시대도 그가 40세 이후 애플에 복귀하고 나서부터다. 블록버스터 혁신제품 아이폰을 선보여 IT 시장 혁신을 성취했을 때 그의 나이 52세였다.

현장에서 지식과 경험을 쌓은 후에 창업을 실행하는 게 바람직한 순서일 수 있다. 회사에서 다양한 업무를 체험하며 업무 능력을 쌓아가는 것 자체가 창업을 위한 준비과정이 된다. 기술, 제품개발 경험,

마케팅 능력, 인맥 등이 창업의 밑거름이 되기 마련이다. 예상 리스크를 줄이고 이를 극복하는 능력도 회사 생활을 통해 길러진다. 결국 회사만한 창업 지원기관이 없는 셈이다.

경영은 교과서의 이론이 아니라 현장에서의 실천이다. 머리로 궁리해서 될 일이 아니다. 직접 체험하고 체질화하는 단계에 이르러야 제대로 해낼 수 있다. 패기나 열정만 갖고 해내기 힘든 게 사업이고, 책상머리나 어깨너머로 배울 수 없는 게 경영이다. 그런 점에서 직장에 다니면서 경험을 쌓은 연후에 창업에 나서는 '선(先) 취업, 후(後) 창업'이 효과적인 대안이 될 수 있다.

월급 받고 일하면서 창업을 꿈꾼다면 회사에 대한 도리가 아니라고 생각할 수 있다. 성급한 단견이다. 그런 사람일수록 주인의식을 갖고 일하기 때문에 오히려 회사에 보탬이 된다. 창업을 꿈꾸는 사람이든 회사의 경영자든 창업정신을 갖고 일하게 되면 서로에게 윈윈(win-win)이 된다. 창업도 현장에 답이 있고, 현장에 있어 본 중년이 유리하다. 중년 창업을 장려하고 정부 지원도 늘려야 하는 까닭이다. 알아야 면장도 하고 사장도 한다.

Part 02

기업: 주연이 잘해야 흥행이 된다

01 미래경영, 알렉산더 대왕으로부터 배운다

불협화음은 퓨전경영의 서곡

예나 지금이나 사람들은 역사에 관심이 많다. 우리 인간사회가 어디서, 어떻게 흘러왔는지 알고 싶은 지적, 본능적 욕구 때문이다. 하지만 세계사 책은 두껍고 지루하기 짝이 없다. 선사시대와 문명발상에 이어, 에게문명에서 시작되는 고대 그리스의 사건들은 흥미롭기는 하지만 읽기가 고역이다. 트로이 전쟁과 아테네 민주정치를 지나 페르시아 전쟁에 겨우 도달하면 마라톤 전투가 벌어진다. 이쯤 되면 참았던 졸음이 한꺼번에 몰려온다. 결국 책을 덮는다.

그러나 박진감 넘치는 대목은 바로 그 다음부터 등장한다. 알렉산더, 정확히 말하면 알렉산드로스 3세가 등장하면서 돌연 흥미가 증폭된다. 독자들은 마치 스스로가 알렉산더라도 된 듯 신명나게 책장을 서둘러 넘기게 된다. 마케도니아라는 소국의 왕 알렉산더가 그리스는 물론 페르시아, 이집트를 정복하고 동방 원정까지 나서 대제국을 건설하는 대서사극은 통쾌하기 그지없다.

알렉산더의 위업은 지리적 영토 확장에 그치지 않았다. 동방원정에서 페르시아의 수도 수사(Susa)로 돌아온 알렉산더가 맨 먼저 착수한 사업은 엉뚱하게도 대규모 합동결혼식이었다. 마케도니아 귀족 80여 명에게는 페르시아 귀족출신 여자들을 아내로 맞이하게 했다. 이미 1만 명이 넘는 마케도니아 병사들과 동거하고 있던 아시아 여인들을 정식으로 본부인으로 인정해 주는 조치도 내렸다. 알렉산더 자신도 페르시아 왕 다리우스 3세의 딸을 아내로 맞았다. 또한 페르시아 귀족 청년 3만 명을 선발해 그리스어를 가르치고 그리스식 전술을 훈련시켜 자신의 친위대로 기용했다.

융합의 과정으로 헬레니즘 문화 탄생

그렇다고 그가 오리엔트의 종교나 관습 등을 그대로 수용한 것은 아니었다. 그 속에 그리스 문화를 혼합시켰다. 동방원정 도중 곳곳에 알렉산드리아라는 도시를 70개나 건설해 그리스 문화의 전파기지로 삼았고, 페르시아 청년들을 그리스 방식으로 교육하여 융합된 문화의 선구자로 만드는 노력도 기울였다.

그 결과, 오리엔트 문화와 그리스 문화가 융합되어 새로운 헬레니즘 문화가 탄생할 수 있었다. 알렉산더 제국의 영토가 로마제국에 병합된 기원전 30년까지의 약 300년 간 찬란한 헬레니즘 시대가 꽃 핀 것이다. 비록 33세의 젊은 나이로 요절했지만, 알렉산더는 인류에게 장구한 문화사적 업적을 남겼다. 융합의 과정을 통해 제3의 문화를 인류에게 선물했던 것이다.

현대 경영에서도 이러한 융합 원리는 그대로 통할 수 있다. 융합을 위해서는 무엇보다 '섞는(mix, +)' 문화의 흐름이 필요하다. 20세기가 기계화와 분업화의 시대였다면 21세기는 합산과 교류의 시대라 할 수 있다. 그렇다고 분업의 전문성을 부인하는 것이 아니라 분업화의 터전 위에 합치고 섞는 퓨전 작업이 병행되어야 한다는 얘기다. 자기 회사가 속해 있는 사업영역 밖의 관련 분야나 심지어 이질적 분야에 대한 정보, 지식, 기술을 결합하여 전혀 새로운 영역을 창조함으로써 차별화를 기해야 한다.

4차 산업혁명의 진전에 따라 인공지능, 사물인터넷, 클라우드 컴퓨팅, 빅데이터, 모바일 등 지능정보기술을 기존 산업과 서비스에 융합시켜야 한다. 3D 프린팅, 로봇공학, 생명공학, 나노기술 등 여러 분야의 신기술을 결합하여 제품이나 서비스를 네트워크로 연결하고 사물을 지능화시켜야 한다. 초(超)연결과 초(超)지능으로 더 넓은 범위(scope)에 더 빠른 속도(velocity)로 더 큰 영향(impact)을 도출해야 한다.

마케도니아-동방 연결하는 알렉산더적 패러다임

아울러, 기업은 언제 어디서나 누구와도 접속할 수 있는 '잇는(link, ∞)' 문화의 흐름을 타야 한다. 마케도니아-그리스-페르시아-이집트-동방을 연결하는 알렉산더적 패러다임이 유용하다. 지역시장-전국시장-세계시장이라는 일련의 흐름을 넘나드는 지구촌 시대의 사고와 실천이 필수적으로 요구된다. 연결의 네트워크에서는 지리적 공간적 개념은 무의미하다.

지난 30년간 글로벌 경제는 생산단계의 국제 분업화를 통해 생산의 효율성과 이익을 극대화시키는 것에 집중되었다. 가령 국내에서 연구 개발한 결과를 토대로 미국 원자재를 사용해 중국 공장에서 제품을 생산해 유럽에 수출하는 식이다. 이같은 글로벌 경영은 연결을 통해 가능할 수 있었다. 앞으로는 같은 산업 내에서의 기업 간 연결을 넘어, 국내외 기업은 물론 다양한 산업, 기술, 아이디어 등과의 링크를 지속해야 한다. 새로운 부가가치 창출의 기회를 발견해야 한다.

'움직이는(mobile, →)' 문화 또한 간과될 수 없다. 경영자는 인터넷 등 최신 정보통신기술을 활용, 새로운 지식, 정보, 인맥을 탐색하기 위해 부단히 이동하는 이른바 디지털 유목민으로의 변신이 요구된다. 고객의 수요와 니즈의 변화를 빈틈없이 파악하고 기존 제품이 성숙기에 이르기 전에 신개념의 제품이나 서비스를 개발하는 민첩함이 절실하다. 잠시라도 멈추거나 졸면 그 자체가 죽음인 경쟁환경이다. 발 빠른 움직임이야말로 경영의 필수 요체이기 때문이다.

산업사회에서는 '닦고, 조이고, 기름 치는' 현장 중심의 평면적 경영만으로도 기업의 생산성이 부지될 수 있었다. 그러나 지식정보화 사회에서는 어림없는 일이다. 부단히 '섞고, 잇고, 움직이는' 융합이라는 입체적 접근을 통해서 경쟁력이 보전될 수 있다. 상이한 색깔들이 혼합되어 전혀 다른 제3의 색상이 창조되듯, 융합은 불협화음에서 아름다운 어울림을 연출해내는 유력한 신경영의 도구이다. 지속가능한 미래경영의 대안을 세계사 속에서 엿볼 수 있다.

02 최저임금의 역설, 대한민국 취준생을 울린다

졸업생 갈 곳 없고, 기업 쓸 곳 없고

언제부터인가 대학 졸업식장이 썰렁하다. 학위수여식이 대학 입장에서는 연중 최대의 행사지만 가장 실속 없는 이벤트로 전락했다. 졸업생 상당수가 졸업식 참석조차 꺼린다. 가고 싶어도 갈 수 없는 현실 때문이다. 취업도 못 한 마당에 축하받을 입장이 못 된다. 초등학교부터 대학까지 16년간, 재수, 군 입대, 졸업유예까지 도합 20년가량 공부하고도 일자리 하나 구하지 못하는 게 오늘의 현실이다. 스스로 생각해도 기가 차고 어이가 없다.

굳이 책임을 논하자면 본인의 몫도 작지 않겠지만, 현실의 취업 문턱은 높기만 하다. 낙타가 바늘구멍 들어가기보다 힘든 난제다. 그렇다고 공기업이나 대기업 취업만을 고집하는 것도 아니다. 웬만한 자리면 달려가고 싶은 게 대다수 취업준비생들의 솔직한 바람이다. 그런데 막상 중소기업에 가려다 보면 빈약한 임금 수준이 마음에 걸린다. 솔직히 썩 내키지 않는다.

최저임금 수준의 일자리를 제시하는 곳도 적지 않다. 그 돈으로는 지방에서 올라와 원룸 얻고 월세와 관리비를 내고나면 남는 게 없다. 교통비, 휴대전화통신료, 옷값 등 필수 경비도 감당하기 힘들다. 저축이나 학자금대출 상환은 고사하고 빚만 늘기 십상이다. 선뜻 나서지 못하는 결정적 이유다.

힘이 들기는 기업도 다를 바 없다. 숙련도 낮은 직원에게 원하는 급여를 줄만큼 여유 있는 기업은 많지 않다. 일손을 구하기도 힘든 구인난 속에서 해마다 치솟는 인건비 감당에 이미 허리가 휠대로 휜 상태다. 제날짜에 월급이 못 나가는 달도 많다. 공정을 자동화하고 값싼 노동력을 찾아 해외로 생산시스템 이전을 고민해야 하는 게 경영자의 고달픈 일상이다.

최저임금 인상도 힘에 부친다. 현장 근로자의 최저시급을 맞추다 보면 관리직 급여도 올려줘야 한다. 최저임금 범위에 상여금, 수당 등이 일부만 포함되다 보니 실제 지불해야 하는 인건비는 더 올라간다. 신입직원을 뽑아 훈련시켜 일할 만하면 돈 더 주는 회사로 빈번하게 이직하니 당장 써먹을 수 있는 경력자를 선호하게 마련이다.

임금 올리면 일자리 줄어드는 '최저임금의 역설'

고용주 입장에서도 임금을 적절하게 올려주면 생산성도 오르고 근로자의 삶을 보호할 수 있는 걸 모르지 않는다. 당연히 그래야 하고 실제로 그렇게 하고 싶다. 하지만 한꺼번에 임금을 많이 올리려면 일자리를 줄일 수밖에 없는 이른바 '최저임금의 역설'을 피할 수 없다. 이러지도 저러지도 못하는 딜레마의 늪에 빠지고 만다.

엎친 데 덮친 격으로 노동정책마저 겉돌고 있다. 운영의 경직성이 정책 표류의 근본 원인이다. 정부는 최저임금 인상, 근로시간 단축, 비정규직의 정규직 전환, 노동이사제 도입을 강행하려는 기세다. 부작용이나 현장의 불만쯤은 아랑곳하지 않는 모양새다. 가령 최저임금 보완책으로 나온 일자리안정자금만 해도 '병 주고 약 주고' 식이다. 중소기업의 경영부담 경감과 노동자의 고용불안 해소의 약발이 제대로 먹히지 않고 있다. 대대적인 안내와 홍보, 장관과 자치단체장들의 길거리 세일에도 기대만큼 호응과 신청이 못 따라주고 있다.

안 되는 데는 다 이유가 있는 법이다. 업주 입장에서는 최저임금 보전을 위해 나오는 일자리안정자금보다 4대 보험료에 대한 부담이 더 크다. 근로자들도 단기 아르바이트를 선호하는 경향이 높아 보험 가입 자체를 대부분 꺼린다. 임금을 지급한 후에야 근로복지공단에 자금을 신청해야 하는 불편함도 걸림돌이다. 혜택보다 부담이 크고 절차마저 복잡한 제도가 외면받는 건 당연한 이치다. 당장 고쳐야 하나 정부는 그러면 큰일 나는 줄 안다. 정책 내용이 달라지면 정책실패를 자인하는 것으로 잘못 알고 있다.

그럴수록 변명은 길어진다. 최저임금의 경우가 그렇다. 국무총리가 나서서 노동정책 추진을 신축적으로 조정할 수 있음을 밝혔다. 경제부총리도 최저임금 인상속도에 대해 중소기업의 상황을 감안해 큰 틀에서 신축적으로 보겠다고 말했다. 고용노동부 장관 역시 2020년까지 최저임금 1만 원 인상은 상황에 따라 속도 조절이 필요할 수 있다는 속내를 내비쳤다. 하지만 '할 수 있다'는 것인지, '하겠다'는 것인지 의도가 분명치 않다. 언어의 성찬이나 행동의 부재다.

취준생-기업-정부, 상생의 해법은 이해와 양보

취준생과 기업의 입장을 조화시킬 수 있는 책임 주체는 그나마 정부뿐이다. 노동자와 사용자 간의 적절한 관계설정을 규정하여 최소한의 인간다운 삶의 질을 보장하는 게 노동정책 아닌가. 그런 점에서 정책의 적정한 속도 조절과 함께 노사 간의 합리적인 이해 조정이 다급하다. 대기업 노조의 솔선수범 또한 절실하다. '임금을 양보할 테니 고용을 늘려 달라'거나, '임금을 동결하는 대신 협력업체에 나눠주라'는 지혜로운 용단이 기대된다.

기업도 당면한 고통이 적지 않겠으나 근로자의 저임금과 장시간 근로, 고용불안 해소에 적극 힘을 보태야 할 때다. 지불능력이 미약한 중소기업도 감내할 수 있는 범위 내에서 고용창출과 임금인상에 대한 협조가 절실하다. 취업준비생의 생각도 바뀌어야 한다. 임금이나 복리후생 수준이 기대에 다소 못 미치더라도 사업성이 유망한 기업에서 꿈을 펼치겠다는 자세가 바람직하다.

취준생, 기업, 정부는 상호 대립적인 경제 주체가 아니다. 모두 자기 입장만 고집하면 접점이 생길 수 없다. '국민경제호(號)'에 동승한 오월동주(吳越同舟)의 상황에서 이해와 양보 말고는 달리 해법이 없다. 일자리가 늘어야 소비가 늘고, 소비가 늘어야 기업이 성장하고 경제도 발전한다. 젊은이의 밝은 앞날이 대한민국 경제의 희망찬 미래나 다름없다. 아파도 청춘인 게 좋지 않겠나.

03 중소기업 사장, '번아웃 증후군'에서 탈출하자

건설적 인적네트워크가 차별화된 경쟁력

중소기업 사장은 '봉'이다. 누굴 만나 식사라도 한 끼 하려면 계산은 으레 사장이 한다. 거래처와 접촉하려 해도 비용 부담은 의당 사장 몫이다. 납품을 부탁해야하는 아쉬운 처지라 싫어도 그들과 자주 어울려야 한다. 계산서도 물론 먼저 챙겨야 한다. 김영란법 시행 이후 많이 달라졌다고는 하지만, 아직도 중소기업 사장의 얇은 지갑에서 빠져나가는 돈이 태반이다.

이런 현상은 사업의 영역에만 국한되지 않는다. 동창회나 동호회 등 사적 모임에서도 사업가의 씀씀이는 남달라야 한다. 샐러리맨보다 회비나 기부금을 더 내는 모습을 다들 자연스럽게 여긴다. 종교 활동에서도 마찬가지다. 교회 헌금이나 사찰 시주 금액이 남보다 훨씬 커야 제 역할을 하는 것으로 여기는 풍조가 일반적이다.

종친회나 친목회에선 또 어떤가. 아예 고문, 회장 등의 감투를 미리 준비해 놓고 그에 걸맞은 협조와 역할을 부탁해 오기 예사다. 지역사회에도 인색할 수 없다. 고아원, 양로원, 불우이웃돕기 성금에 난색을 표했다간 구두쇠 기업인으로 낙인찍히기 십상이다.

그렇다고 가정에 돌아오면 상황이 다른가. 가장에 대한 가족들의 기대 수준도 만만치 않다. 남편의 사정을 이해해 줄 것으로 기대했던 부인부터 되레 강하게 나온다. '명색이 어엿한 중견기업 CEO의 사모님'으로 대우받고 싶은 눈치다. 살던 아파트를 정리하고 강남 중대형으로 옮기고, 건강을 위해 골프도 즐기자며 압박한다. 명품에 눈길을 돌리고 해외여행도 수시로 조른다.

아이들은 한술 더 뜬다. 고액과외, 어학연수는 기본이고 적지 않은 학비와 생활비를 타면서도 미안해하는 구석이 별로 없다. 형제나 친지도 경조사 때 축의금이나 부의금이 기대에 못 미치면 못내 섭섭해한다.

사장의 돈지갑은 화수분

사업하면 무슨 떼돈이라도 버는 줄 아는 건가. 중소기업 사장의 돈지갑은 화수분으로 여기는 건가. 혹 땅을 파서 돈을 버는 줄 아는 건가. 어디 가도 큰소리 한번 제대로 못 치며 힘겹게 사업하며 온갖 비용은 혼자 다 떠맡는 처지다. 실제로 상당수 사장들은 주위 사람들의 기대감에 짓눌려 무기력해지는 '번아웃 증후군'을 호소한다. 대인관계에서 생기는 극도의 신체적·정신적 피로감이 황사, 미세먼지처럼 쌓인다.

사장 본인 말고 그 누구도 그 힘겨운 속내를 알 리 없다. 월말만 되면 수북이 쌓이는 신용카드청구서 앞에서 사업할 자신도, 의지도, 의욕도 자꾸 무너져 내린다. 주변을 돌아보면 온통 손 벌리는 사람들에 둘러싸인 사면초가의 형국이다. 바로 빛 좋은 개살구 같은 대한민국 중소기업 사장의 현주소다.

기업을 하려면 싫든 좋든 사람을 만나야 한다. 사업은 결국 인맥이다. 사교적이고 외향적이어야 한다. 관계를 끊거나 소원하게 지내서는 사업하기 어렵다. 비즈니스든 개인적인 문제든 사람들과의 관계는 피할 수 없다. 아사히맥주 히구치 히로타로 회장은 "젊었을 때는 돈을 빌려서라도 훌륭한 인맥을 만들어야 한다"며, "물은 어떤 그릇에 담느냐에 따라 모양이 달라지지만, 사람은 어떤 친구를 사귀느냐에 따라 운명이 결정된다"고 강조했다.

여기서 중요한 사실은 어차피 맺어야 할 대인관계라면 제대로 할 필요가 있다는 점이다. 위대한 기업들은 고객, 공급업체, 투자자, 임직원, 그리고 사회와 장기간에 걸쳐 건설적 관계를 유지해오고 있다. 관계가 그만큼 중요하다는 방증이다. 우선 내부 직원들과 따뜻한 관계를 유지해야 한다. 종업원과의 관계를 단순히 '노동의 대가로 월급을 주는' 식의 통념을 뛰어넘는 고차원의 관계 설정이 필수적이다. 심지어 직원이 퇴직한 후에도 '우리 회사'로 느낄 정도의 친밀감을 심어주어야 한다.

기업을 바꾸는 모멘텀

거래처나 고객과의 성공적인 관계 구축도 경영의 핵심요인이 된다. '단순히 일정한 가격을 대가로 거래를 하는' 전통적 사고방식에서 탈피해야 한다. 장기적 관점에서 긍정적인 관계로 발전시키려는 자세가 더없이 중요하다. 나이키 회장인 필 나이트는 거래처에 항상 지극 정성을 쏟는 것으로 유명했다. 성탄절이 되면 수많은 거래처에 친필로 쓴 편지와 크리스마스 카드 보내기를 잊지 않았다. 감동한 거래처들은 나이키에 대한 충성심과 더불어, '나이키 가족'이라는 자부심까지 갖게 되었다.

관계에는 기업을 바꾸는 모멘텀이 숨어있다. 관계를 새로운 기회로 보고 부단히 관리하고 발전시켜 자사만의 차별화된 역량으로 만들어 내야 한다. 관계의 전략을 어떻게 도모하느냐에 따라 승자도 패자도 될 수 있다. 인적자원에 한계가 있는 중소기업 입장에서는 평소 주변과의 관계를 특별히 잘 구축해야 한다. 사업을 하다 보면 언제 어디서 어떻게 누구의 도움을 필요로 할 지 아무도 예측하기 어렵다.

거래처, 관공서, 친구, 지인, 가족과의 사이에서도 건설적 관계의 중요성은 아무리 강조해도 지나치지 않다. 잘 사귀고 협조하면 언제든지 이들을 협력자로 활용할 수 있다. 생각지도 않은 상황에서 의외의 도움을 얻게 되는 경우가 얼마든지 있다. 이들 스스로 도움을 자청해 오기도 한다. 옛말에 '어느 구름에서 비 올지 모른다' 하지 않던가.

지혜로운 경영자라면 주변의 사람을 잠재적 가해자로 보지는 않는다. 도리어 언제든지 도움을 기대할 수 있는 우호적 도우미로 여긴다. 그렇다면 인적네트워크 구축에 소요된 돈은 이들에게 결코 비용일 수 없다. 장기적이고 잠재적인 무형의 투자자산이다. 같은 돈을 써도 생각하기에 따라 결과는 판이하다.

04 기업가 정신, 혼신의 투혼으로 승부하다

회생절차는 '아름다운 재기'로 가는 길

이러니저러니 해도 기업하기 좋은 세상이다. 기업지원 제도만 놓고 보면 한국만 한 나라도 드물다. 세계 어디 내놓아도 중소기업 지원시스템이 비교적 잘 갖추어져 있다는 평가다. 정부 조직에 중소벤처기업부를 신설하고 막대한 예산을 투입해가며 기업을 돕는 국가는 그리 많지 않다. 창업, 금융, 투자, 조세, 행정, 기술, R&D, 컨설팅 등 다방면에서 기업을 돌보고 보살피는 나라가 대한민국이다.

정부 지원은 경영을 잘하는 기업에만 돌아가는 게 아니다. 기업 형편이 어려워질 때도 도움의 손길은 멈추지 않는다. 기업회생절차가 그런 제도이다. 사업성은 있으나 부채가 과도하여 경영이 힘들어진 기업에게 재기의 기회를 터주는 특단의 절차다. 법정관리를 개칭한 이름이다. 사업을 계속할 만한 가치가 있지만, 과잉투자, 금융사고 등으로 부채를 영업이익으로 감당할 수 없다면 회생절차를 밟을 수 있다.

채무의 일부를 탕감하거나 주식으로 전환하는 등 부채를 조정하여 기업이 회생할 수 있는 발판을 마련해준다. 법원은 사업을 계속할 경우의 가치가 사업을 청산할 경우의 가치보다 크다고 인정되면 회생계획안 인가 여부를 결정한다. 인가 후 채무가 변제되면 법원은 회생절차 종결을 결정하는 구조다. 경영난에 직면한 기업에게는 더없이 유용한 제도다. 이만하면 '대한민국'이라 쓰고 '기업천국'으로 읽을 만하다.

대한민국, 이만하면 '기업천국'

기업에도 문제가 많다. 개중에는 좋은 취지의 제도를 악용하는 질 나쁜 기업들도 적지 않다. 일부 기업인들의 잘못된 경영행태는 여전히 사라질 기미가 보이지 않아 안타깝다. 좋은 머리를 나쁜 곳에 쓰는 사람들이다. 기업 생태계의 청정연못을 흙탕물로 더럽히는 미꾸라지들이다.

예전에는 경영환경이 불리하게 전개되거나 자금 사정이 어려워지면 갑자기 고의 부도를 내고 잠수 타는 기업인이 많았다. 최선을 다하면 얼마든지 회생이 가능함에도 중도에 사업을 접는 기업이 적지 않았다. 구태여 힘들게 사업을 꾸려가기보다는 적당히 '챙기고' 그만두는 게 현명하다는 자기계산에 빠진 것이다. 이건 범죄다.

지금은 달라졌다. 기업회생 제도 활용이 늘면서 부도 기업인이 잠적하거나 도주할 필요가 없어졌다. 기업을 그대로 경영하면서도 채무를 탕감 받을 수 있는 길이 제도적으로 열렸다. 회생절차를 신청한 기업의 경영진을 관리인으로 선임해 계속 경영을 맡기는 '기존 경영자 관리인제도(DIP)'가 도입된 덕택이다. 은행 대출금이나 거래처 외상 매입금을 탕감받거나 출자전환을 통해 부채를 털고 기업경영을 지속할 수 있게 된 것이다.

설비, 종업원, 거래처 등의 자산은 그대로 승계하면서도 부채는 감면을 받음으로써 가볍게 기업을 꾸려갈 수 있게 되었다. 심지어 이로 인해 생긴 원가 우위(cost advantage)를 무기로 삼은 저가 공세로 시장질서가 붕괴하고 정상적 기업들이 도리어 타격을 입는 어이없는 사태까지 야기될 정도다. 이른바 악화가 양화를 구축하는 꼴이다.

정작 더 큰 문제는 그다음이다. 정상적으로 사업을 하지 않거나 정리계획안대로 이행을 제대로 하지 않는 기업인이 문제다. 일부 기업주는 가족이나 친지 명의로 은밀히 새로운 회사를 설립하고, 주문이 들어오면 신설 기업 쪽으로 교묘히 빼돌리는 편법을 서슴지 않는다. 금융비용이나 외상 매출금의 상환 부담 감소로 생긴 여유자금은 회생채무 상환 재원으로 사용하지 않는다. 적당한 시점에 기존 회사를 슬며시 폐업하고 그동안 쌓인 수익금으로 새로 만든 회사를 운영한다. 부채가 없는 재무구조 우량기업을 탄생시킨다. 몰염치한 도덕적 해이다.

도망은 가지 말라, '정부가 돕고 있다'

그렇다고 모든 것을 기업인들의 잘못으로 돌리기도 어렵다. 주위의 선동과 유혹도 적지 않다. 수임료에 목마른 분별없는 변호사들이 가만히 있는 기업을 상대로 회생절차 신청을 들쑤신다. 전문 브로커들이 기업 주변을 맴돌며 먹잇감 기업사냥에 나선다. 지하철 등 공공장소에 호객행위 홍보 전단지를 뿌려대는 장본인들이다.

법원의 심사절차도 허술하다는 지적이다. 회생계획안을 심사할 때 개별 기업의 사업성에 대한 심도 있는 검토보다 형식적 서류심사에 치중하는 경우가 다반사다. 회생절차 신청업체가 폭주하다 보니 조사위원의 보고서에 표기된 청산가치와 계속기업 가치를 평면 비교하는 선에서 인가 여부가 마무리된다.

마음대로 되지 않는 것이 사업이다. 노력해도 여건이 맞지 않고 운이 닿지 않으면 하기 어려운 게 또한 기업이다. 그렇더라도 정부, 금융기관, 거래처들로부터 막대한 도움을 받으며 종업원들의 일자리를 책임지는 공기(公器)인 기업을 꾸려가는 경영자들은 그러면 안 된다. 아무리 상황이 어려워도 국가와 이웃에 치명타를 날리면서까지 지원제도를 악용하는 일은 최소한 없어야 한다.

쓰러져도 청춘을 바쳐 일궈온 기업에서 쓰러지는 기백이 요구된다. 산악인 고(故) 박영석은 세계 최초로 산악 그랜드슬램을 달성한 후 이런 말을 남겼다. "실패는 자주 해야 합니다. 실패하더라도 최선을 다하고 실패해야 합니다. 도전이 무서운 게 아니라 도전을 두려워하는 것이 진짜 무서운 겁니다."

전환기 대한민국 경제는 실패를 두려워하지 않는 기업가 정신으로 똘똘 뭉친 투혼의 기업인들이 이끌어야 한다. 정부도 기업회생 프로그램을 가동하는 등 글로벌 전장(戰場)의 전면에서 혼신의 노력으로 정면 승부하는 아름다운 재기를 독려하고 있다. "김 사장님, 박 회장님, 다들 힘내세요. 비빌 언덕, 정부가 있잖아요."

05 사장은 아무나 하나?
대통령도 못 한다

힘겨운 변혁, 경쟁력 제고의 기회

흔들리지 않고 피는 꽃이 어디 있으랴. 중소기업 사장들도 늘 흔들리며 산다. 기업이 어려운 건 어제오늘의 일이 아니다. 갈수록 사장들이 느끼는 위기감이나 상실감은 크고 깊어진다. 겨우 잠자리에 든다고 해도 숙면은 어렵다. 새벽녘에 혼자 깨어 온갖 상념에 잠긴다. 글로벌 경영환경이나 무한경쟁의 핵폭풍, 디지털이니 인터넷이니 하는 ICT 광풍, 4차산업혁명이 몰고 온 비즈니스 패러다임의 대변혁 앞에 조각배처럼 위축된다.

중소기업을 세우고 꾸리면서 급변하는 사업 환경에 적응하려고 노심초사, 좌불안석한 적이 한두 번이 아니다. 최근 들어 그 변화는 정도와 성격이 예전의 그것과도 판이하다. 상상조차 못 해봤을 크고 빠른 변화 앞에 갈피조차 잡기 어렵다. 기업을 어떻게 꾸려가고, 의사결정은 어떻게 내려야 할지 막막하고 초조하기 그지없다. 곡소리가 전국의 사업현장 곳곳에서 들려온다. 솔직히 앞이 잘 보이지 않는다.

게다가 불황에도 신문지상을 화려하게 장식하는 일부 대기업들과 금융기관들의 사상 최대 흑자실현 소식은 듣자니 속만 쓰리다. 스톡옵션, 보너스, 성과급, 고배당 등 그들만의 '돈 잔치'는 작은 기업을 하는 사장들에게 절망과 좌절을 안겨주기에 충분하다. 회사가 어려워 겪어야 하는 절대적 빈곤감은 운명이라 감내한다 치더라도, 대기업이나 거래 은행들의 풍요로움과 대비되는 상대적 박탈감은 견디기 힘들다.

대기업이 아니면 제대로 기업 대접도 받지 못하는 사회적 분위기도 팽배하다. 젊은이들도 대기업이나 공기업으로 몰리고 중소기업 일자리는 거들떠보려조차 않는다. 정부도 창업기업, 사회적 기업에 지원은 늘리면서 기존 기업들에 대해서는 예전만도 훨씬 못한 푸대접이다. 평범하기 그지없는 대다수 중소기업인들을 벼랑 끝까지 몰아갈 태세다. "아직도 중소기업을 하고 있냐"며 안쓰럽게 바라보는 주위 시선에는 무감각해진 지 오래다. 당해보지 않고서는 헤아리기 힘든 심정이다.

절대적 빈곤감, 상대적 박탈감으로 두 번 운다

그렇다고 묘책은 따로 없다. 정면으로 맞닥뜨려서 돌파구를 찾는 수밖에. '급할수록 돌아가라'는 옛말처럼 호랑이의 눈과 소의 걸음으로 묵묵히 해결책을 찾아 나서야 한다. 만일 사업을 접고 부동산 투기나 주식투자 등으로 한눈을 판다면 패망을 재촉하는 지름길이다. 물고기가 물을 떠나서 살 수 없듯이, 청춘을 불사른 사업을 외면한 채 살아갈 자신도 솔직히 없다. 홀쩍 떠나면 만사 다 잊을 것 같지만 그렇게 해서 잘된 사람도, 마음 편해진 사람도 없다. 엄연한 중소기업인의 현실과 본분을 직시해야 한다.

사실 지금까지 기업인으로 살아온 건 오로지 자신만의 선택으로 보기 어렵다. 독일 사회학자 막스 베버는 직업은 하늘이 내려준 소명(召命)이라 단언했다. 감사한 마음으로 전열을 재정비해서 기업을 꾸려가는 것이 최선의 선택이다. 그간 활동 터전이 되어준 국가와 사회, 그리고 동고동락해온 종업원들을 생각해서라도 좌절이나 중도하차는 기업인이 취할 태도가 못 된다. 기업이 어려울수록 다시금 기업관과 경영철학을 재정립, 몸과 마음을 새로이 가다듬어야 한다.

첫째, 중소기업은 여전히 경제의 중추라는 사실을 잊지 말아야 한다. 아무리 대기업들의 역할과 영향력이 커져도 다종다양한 수많은 중소기업은 여전히 산업의 기반이고 토대이다. 더욱이 수백 개에 불과한 대기업이 370만여 개의 중소기업이 수행하는 경제·사회적 역할을 감당할 수 없다. 대기업이나 중소기업이나 고루 잘돼야 산업경제, 국민생활, 의식주 등이 풍요롭고 윤택해진다.

둘째, 새로운 환경에 부단히 적응해 나가야 한다. 그러다 보면 활로는 저절로 트이게 된다. 변화는 기업에게 당장은 견디기 힘든 시련의 형태로 다가오지만, 나아가 전화위복의 계기가 되기도 한다. 지구촌 시대를 맞아 미래를 내다보고 판단할 수 있는 거시적 안목부터 길러야 한다. 지식정보화 시대에 걸맞게 디지털·인터넷 기술을 기업에 잘 접목, 비용 절감과 생산성 향상 등 혁신을 기해야 한다. 결국 고객이 원하는 제품을 만들어 내면 기업의 비전은 성취된다.

중소기업 사장, 아무나 하는 게 아냐

셋째, 열린 경영마인드를 가져야 한다. 대내외 경영환경의 흐름을 빈틈없이, 순발력 있게 감지하고 실천하는 추진력이 필수조건이다. 비전을 제시하고 조직, 업무, 인력을 디지털시대에 맞도록 패러다임 전환을 서둘러야 한다. 그렇다고 단기간 내 지나친 변화를 시도하거나, 단번에 큰 성과를 거두려는 행위는 금물이다. '대박' 노리다 소중히 가꾸어온 기업이 일거에 '쪽박' 찰 수도 있다. 성공기업 신화의 주인공들을 살펴보면 공통점이 있다. 처음부터 큰돈을 벌겠다고 사업에 나서지 않았다. 일 자체를 즐기며 창의력을 구체화하는데 열정을 바치다 보니 돈은 부수적으로 따라온 격이다. 대한민국 경제가 맨땅에서 '한강의 기적'을 일궈냈고, 대다수 중소기업 역시 맨손으로 창업해 오늘에 이르지 않았던가. 모두 운이 아니라 노력의 산물이다.

돌이켜보면 지난날 기업 여건이 결코 오늘날보다 수월하지 않았다. 그럼에도 지금보다 힘겹게 느껴지는 것은 그토록 왕성했던 기업 의지가 무뎌진 데에도 원인이 없지 않을 것이다. 날로 거세지는 변혁이 중소기업들에게 힘겨운 건 사실이다. 그렇지만 이를 잘 극복해내면 경쟁력을 한 차원 높일 수 있는 전화위복의 기회로 삼을 수 있다. 기회란 항상 오는 게 아니다. 특히 디지털 환경하에서 성공을 위한 '기회의 창'은 잠깐 열렸다 금세 닫히고 만다. 한 번 지나가면 다시는 돌아오지 않는 것이 세 가지가 있다. 시위를 떠난 화살, 입에서 나온 말, 그리고 잃어버린 기회가 그것이다. 그러나 묘하게도 위기는 기회를 수반한다.

위기가 올 때 이를 기회로 알아차리고 이를 붙잡느냐, 그렇지 못하느냐에 따라 기업의 운명이 갈리게 된다. 중소기업 사장이란 누구나 될 수도, 아무나 할 수도 없다. 노무현 전 대통령도 재임 당시 전국 중소기업인 대회에 참석한 자리에서 솔직히 고백한 적이 있다. "나도 한때 사업에 손댔다가 혼난 적이 있다."

스타트업 학습,
공기업 변화의 주역이 되다

기업에서도 '스승과 제자'의 관계 중요

얼마 전까지만해도 서울 마포에는 두 개의 공기업이 있었다. 중소
기업에 금융을 지원하는 신용보증기금과 산업의 인적자원을 개발하
는 한국산업인력공단이다. 공덕동 로터리를 사이에 두고 마주보며 자
리 잡고 있었다. 그러다 2014년 정부의 공공기관 이전계획에 따라 신
보는 대구광역시로, 산인공은 울산 혁신도시로 본사를 이전했다.

황량할 것으로 여겨졌던 두 공기업 본사의 자리는 화려한 변신이
시도되고 있다. 산인공이 떠나고 난 자리에는 서울창업허브가 들어섰
다. 옛 신보 본사의 건물에는 '청년혁신타운'이 조성되어 300여 개 기
업의 요람이 마련될 예정이다. 정부나 서울시가 주도하는 사업치고는
제법 실사구시의 전망이 엿보인다.

2015년 업무를 시작한 서울창업허브의 서비스에 대한 반응은 일단
긍정적이다. 업무 내용이 알음알음 알려지면서 이곳을 찾는 발길이 시
나브로 늘고 있다. 예비창업자, 스타트업, 창업초기 기업, 사업실패 후
재기를 도모하려는 사람들의 방문이 잦은 편이다. 시설수준도 그만하
면 우수하다는 평가다. 넓은 부지에 자리해 주차장도 널찍하고 경관
도 수려한 편이다.

건물 내부도 잘 꾸며져 있다. 로비를 들어서는 순간 수많은 인파에

놀라게 된다. 회의실, 세미나실, 대기실, 강의실을 꽉 메운 사람들의 모습이 활기차다. 심신이 고단했던지 벽에 기대 단잠을 즐기는 청년들도 눈에 띈다. 왠지 측은해 보이지만 이 또한 자연스럽고 정겹게 느껴진다. 언뜻 보아도 창업인 들의 갈급한 욕구와 필요를 충족시키기에 무리가 없어 보인다.

공기업 옛 터전에 움트는 '청년 창업의 꿈'

창업을 꿈꾸다 보면 모르는 게 많을 수밖에 없다. 궁금한 점도 한둘이 아니다. 혼자 해결이 어려운 고민을 상의하려 해도 방법을 모른다. 어디로 누굴 찾아가 물어보고 배워야 할지 알 길이 없다. 사업계획은 어떻게 세우고, 자금조달은 어디서 하며, 제조와 판매는 무슨 방법이 효율적인지 막막하기만 하다. 사업하기로 마음은 먹었지만 도무지 자신이 없다. 이런 창업자들이 소문을 듣고 물어물어 창업 허브를 찾는다. 올 때는 반신반의했지만 돌아갈 때는 그래도 힘을 얻는다.

창업에 관련된 강의도 들을 수 있고, 행정절차와 실무 안내도 받을 수 있다. 연구 자료나 지원 정보도 얻을 수 있다. 그중에서도 압권은 전문가들의 다양한 멘토링 서비스다. 창업과 경영에 관련된 제반 궁금증을 풀고 모르는 점을 묻고 배울 수 있는 '스승'을 만날 수 있다. 전문가가 제시하는 처방을 통해 해답을 얻기도 하지만 상담과 토론 과정에서 스스로 솔루션을 찾을 수 있는 점이 가장 큰 장점이다. 가슴 뿌듯하고 자신감도 붙는다.

스승은 학생에게만 필요한 게 아니다. 정작 필요로 하는 수요자 중의 하나가 기업 경영자일 수 있다. 스승의 사전 뜻풀이는 '자기를 가르쳐서 인도하는 사람'이다. 경영자에게는 '가르친다'는 뜻 못지않게 '인도하다'라는 의미가 더 클 수 있다. 상담자, 멘토, 자문역, 교수, 강사, 선생, 은사 등 명칭과 어감은 다르지만 가르치고 인도하는 이들은 모두가 스승이다.

기업 경영은 모르는 것을 알아가는 과정일지 모른다. 공부하고 배운 바를 행동으로 표현하는 게 경영의 구조라 할 수 있다. 경영자 혼자 연구하고 공부하여 터득하는 일도 많지만, 선(先) 경험자나 앞선 지식을 찾아 주변 사람은 물론 해외까지 가서 배워야 하는 게 경영자의 미션이다. 기업 내 구성원들의 업무처리도 학습과 교육에 기초하는 바크다. 요즘처럼 융복합적 제품이나 기술을 개발하기 위해서는 분야가 전혀 다른 사람들로부터도 배워야 한다.

기업 경영은 모르는 걸 알아가는 과정

가르치는 입장에서도 다양한 사례를 접하고 대안을 마련하는 중에 경험과 전문성이 쌓인다. 가르치며 배우고 배워서 더 잘 가르치는 선순환의 유익을 거둘 수 있다. 진단이나 처방도 한층 실제적이고 구체화되기 마련이다. 창업지원제도 실효성 제고를 위해 정부로서도 전문가들을 많이 확보해 원하는 기업들과 매칭 시키는 역할이 더없이 중요해진다.

분야별 전문가 네트워크를 구축하고 개별 기업에 맞는 맞춤형 솔루션이 처방되는 이른바 '기업 주치의(主治醫)'적 기능이 요긴하다. 오프라

인뿐 아니라, 온라인상에서도 상담의 길을 터줄 필요가 있다. 스승은 현직이나 제도권에만 있는 게 아니다. 대학, 연구소, 대기업, 전문기관 등의 퇴직자 그룹에도 인적자원이 즐비하다. 구슬이 서 말이라도 꿰어야 보배가 된다.

앞선 기업들은 퇴직 교수나 대기업 출신자 등 고급 인력을 영입, 경영자문이나 연구개발 등에 활용하고 있다. 이들의 경험과 아이디어를 내부 직원들의 역량과 접목시켜 시너지 효과를 만들어낸다. 경쟁자들이 미처 생각지 못하거나 인력 부족 등으로 못하는 과제를 실행할 수 있다. 공정 개선, 제품 개발, 사업 다각화, 시장 개척 등에서 기대 이상의 성과를 거둘 수 있다.

알고 보면 별것 아닌 일이지만 이를 실행에 옮기는 기업은 많지 않다. 확실치도 않은 일에 당장 들어가는 돈이 아까워 선뜻 나서지 못한다. 목표 수립과 행동 방향을 결정하는 계획(plan)에는 능하나, 목적달성을 위한 수단을 정의하는 기획(planning)에는 약한 게 문제다. 경영하기 위해서는 알아야 하고, 알아야만 올바르게 경영할 수 있다. 기업에서도 '스승과 제자의 관계가 중시되어야 하는 까닭이다. 지식과 경험을 주고받는 따뜻한 관계를 통해 차별화된 경쟁력을 얼마든지 만들어낼 수 있는데 기업들이 그걸 잘 모른다. '배우고 때로 익히면 또한 기쁘지 아니하랴(學而時習之 不亦說乎)'. 공자님 말씀에 해로운 게 별로 없다.

07 사면초가 중소기업, 이제는 '원칙경영'으로 승부할 때이다

원칙 중시하는 진정한 중소기업이 성공

쓸수록 어려운 게 글쓰기다. 쓰고 지우기를 수 없이 반복해도 나아지는 기미가 느껴지지 않는다. 글쓰기가 평생의 업인 기자나 작가가 존경스럽다. 오죽하면 남의 원고를 '옥고(玉稿)'라 높여 부를까. 글쓰기의 어려움은 원석을 새기고 갈고 다듬는 보석 가공에 비해 더하면 더했지 덜하지 않을 싶다. 정녕 서도(書道)의 일필휘지는 글짓기 사전에는 성립하기 어려운 허언인가.

다행히도 어려운 글쓰기를 쉽게 해주는 공식이 있다. 육하원칙이다. '누가, 언제, 어디서, 무엇을, 어떻게, 왜' 하는 이른바 '육하원칙(5W1H)'이다. 이를 잘 지켜서 글을 쓰면 정확하고 자세하게 표현되고 뜻도 한결 선명해진다. 옥고는 아니라도 적어도 졸고는 면할 수 있다. 신기한 철칙이자 비책이다.

경영의 어려움은 글쓰기에 비할 바 아니다. 재무, 기술, 인사, 마케팅, IT 등이 집대성된 거대한 종합예술이다. 어느 하나만 부족하거나 소홀해도 힘들어지는 게 기업이다. 글쓰기 육하원칙이 동서고금을 통하는 불변의 진리라면, 경영 방식은 시대와 환경에 따라 변화무쌍하다. 정답이 없는 최고난이도의 숙제다. 어제의 방식이 오늘까지 통할수 없고, 서구의 경영 이론과 전략이 한국 기업의 몸에 맞을 리 없다.

경영은 변화무쌍한 거대한 종합예술

우연히 접한 어느 중견 기업인의 '중소기업 성공조건'은 건조한 피부에 뿌려지는 미스트처럼 촉촉하게 와 닿는다. 재무제표나 신용등급 등 화폐적이고 계량적 지표 없이도 기업을 손쉽게 들여다볼 수 있는 간단명료한 감별법이다. 10대부터 사업에 뛰어들어 50년 동안 일선 현장에서 몸으로 부대끼며 체득한 값진 보물이다. 경험과 직관에 근거한 것이긴 하나 '오래된 미래'의 기준이라 전혀 위험해 보이지 않는다. 이름 하여 '3S 3F 육하원칙'.

먼저 사업에 성공하려면 3S가 필요하다. 종잣돈(seed money) 즉 자본, 기술(skills), 영업력(sales)의 세 가지 경영요소다. 3S가 완비되면 금상첨화지만, 그게 안 되면 적어도 2S는 갖춰져야 한다. 자본과 영업력이 있으면 기술은 사오거나 개발하면 된다. 기술과 영업력이 갖춰지면 자본투자는 외부에서 유치할 수 있다. 그리고 자본과 기술이 확보되면 영업을 위한 인적자원은 영입이 가능할 수 있다.

이 정도쯤은 어려울 게 없어 보이지만 현실은 그렇지 못하다. 돈 좀 있다고 기술과 영업에 대한 고려 없이 창업하는 무모한 기업이 적지 않다. 기술만 믿고 자본과 영업을 도외시한 채 막무가내로 사업을 시작하는 대책 없는 기업도 흔하다. 납품처가 생겼다고 돈도 기술도 없이 무모하게 경쟁에 뛰어드는 위험한 기업 또한 생각보다 많다. 사업거리도 되지 않는 사이비 중소기업의 군상이다.

3F는 기업 경영자들이 지켜야할 세 가지의 덕목이다. 첫째의 F는 검약(frugal)의 원칙이다. 경영자는 과도한 씀씀이를 항시 경계해야 한다.

경제적 여유라도 생기면 독버섯처럼 슬그머니 고개를 드는 게 소비의 근성이다. 멀쩡했던 입성이 어느 날 갑자기 초라해 보인다. 고급 명품 브랜드 의류로 치장해야 경영자 품격에 어울려 보인다. 점심 저녁 출입하는 요식업소의 수준도 날로 높아간다. 골프 약속도 늘고 거래처 모임에서 지출 규모도 커진다.

내 돈도 내 돈이고 회삿돈도 내 돈으로 보인다. 회계장부의 가지급금이 소리 없이 쌓이며 회사는 쇠락의 내리막길로 향한다. 김대중 정부 시절 벤처 열풍으로 몰린 돈을 주체조차 힘들었던 1세대 벤처기업들의 단명도 비합리적이고 파행적인 소비행태와 무관치 않았다.

준비 안 된 창업은 망업(亡業)의 길

두 번째 F는 경영자 스스로 발(foot)로 뛰어야 하는 원칙이다. 경영자는 크고 작은 일에 직접 나서야 한다. 몸으로 부딪히며 업무를 파악하고 관리에 나서는 일인다역이 필수적이다. 사장이 금융회사, 보증기관을 찾아가 자금을 직접 조달하고, 거래처와 대면하며 관계를 공고히 다져야 한다. 수출서류나 회계장부도 작성할 줄 알아야 한다. 작은 기업일수록 디테일이 중요하다.

실무를 직원에게만 맡기다 보면 경영자는 업무의 문외한이 되고 만다. CEO는 실무와는 상관없는 고매한 존재로 착각하기 쉽다. 작은 회사에서 부사장, 전무, 상무 등이 넘쳐 잘될 일 전혀 없다. "수출은 김 이사가, 경리는 박 부장이 다 알아서 한다"며 창피한 줄 모르고 자랑처럼 떠든다. 유능한 직원일수록 언제든 독립하여 경쟁자로 나설 수 있음을 짐작조차 못 한다.

세 번째 F는 사업장(factory) 우선의 원칙이다. 자금 용도의 최우선 순위를 사업에 두어야 한다. 경영자가 사는 집은 전세나 월세일 망정 사업장부터 마련하는 진정성이 필요하다. 상당수 기업주들이 사업장보다는 거주 주택 먼저 구입하고 평수를 늘린다. 승용차는 배기량 큰 대형차, 고급 외제차 순으로 교체한다. 사장은 전셋집에 살면서도 사업장만큼은 자기 소유인 기업이 그 반대 경우의 기업에 비해 훨씬 더 건실하다. 사업장이 밑천이다.

3F 원칙에는 없지만 부가서비스로 주어지는 보너스 F도 있다. 자금 조달(financing) 신중의 원칙이다. 대출이 늘어나다 보면 빚에 무감각해진다. 우선 먹기는 곶감이 달다고 쓰기는 쉽지만 갚기는 어려운 게 빚이다. 설사 돈이 있어도 갚기가 싫어진다. 그 돈으로 사업을 더 키우고 싶은 '대박'에 대한 미련을 못 버린다. 회계기준에서 빚도 자산이지만 빚은 어디까지나 빚이다. 언젠가 갚아야 하고 갚지 못하면 기업의 생은 부지되기 힘들어진다.

적은 내부에 있다. 중소기업의 문제는 정부의 정책 실패나 허술한 사업구조 같은 오류보다는 기업인 스스로의 진정성 결여에서 비롯된 측면이 더 크다. 원칙과 정의가 훼손되고 왜곡된 기업토양에서 성공경영의 신화란 부질없는 구호에 그치고 만다. 성공 기업이나 강한 대기업은 원칙을 중시하는 건강한 중소기업이 성장하고 진화하는 것이다. 이른바 '원칙경영'의 깃발을 새삼 곧추세울 때다.

0**8** '퇴출 기업 인력뱅크' 만들자

퇴출·실직인력-전문 인재 '인력은행'

수도권 전철 1호선 온양온천역은 열차가 도착할 때마다 한바탕 소동이 벌어진다. 전철 출입문이 열리자마자 승객들이 한꺼번에 쏟아져 나와 공중화장실로 달려간다. 청량리역에서 2시간 반, 서울역에서부터 2시간 이상을 참아온 용변을 해결하기 위해서다. 1번 출구를 따라 역사 밖으로 나오면 허름한 승합차들이 줄지어 이들을 맞이한다. 걸어서 10분 남짓 거리에 있는 온천 지역까지 왕복 교통편은 물론 온천욕과 점심식사까지 서비스하는 만 원짜리 패키지상품으로 고객을 불러 모은다. 연로한 노년층이 그나마 하루를 즐길 수 있는 '만 원의 행복'이다.

개중에는 전철 무료승차 연령에도 이르지 못한 장년층도 적지 않다. 급기야 최근에는 한창 일할 나이의 중년층의 모습도 심심찮게 눈에 띈다. 이들의 경험과 능력을 필요로 하는 곳이 얼마든지 있어 보이는 청춘들이다. 아무래도 온천 투어나 즐기기에는 아직은 빠른 나이다. 씁쓸한 풍경이 아닐 수 없다.

고용노동부 통계에 따르면 정년퇴직자는 전체 퇴직자의 7.6%에 불과하다. 10명 중 1명에도 못 미치는 수치다. 구조조정 등으로 50대 중반도 안 돼 대부분 직장을 떠난다. 취업포털 잡코리아의 설문에 의하면, 직장인 스스로가 체감하는 퇴직연령을 중소기업 51.7세, 대기업

49.8세로 답했다. 인생 백세시대에 고작 그 절반만 일할 수 있다. 평생 일터로 굳게 믿었던 직장이 노후 보장은커녕 중년의 생계조차 책임지지 못하는 현실이다. 그야말로 서럽고(苦), 힘들고(苦), 외롭고(苦), 괴롭고(苦). 사고(四苦)무친의 중년이다.

구명조끼 없이 망망대해로 간 실직자

실직자를 위한 안전망은 허술하기 짝이 없다. 구명조끼도 없이 침몰하는 배에서 망망대해로 버려지는 꼴이다. 살아갈 길이 막막한 '젊은 그대들'이다. 창업도 생각해보지만 도저히 엄두가 안 난다. 자영업자가 넘쳐나고 폐업률이 하늘을 찌르는 판국에 넉넉잖은 자본으로 경험 없이 나서 봐야 승산이 희박하다. 창업 후 2년 이상 생존할 확률이 47%에 불과하다는 통계청의 '산업별 기업생존율' 조사에 힘이 빠진다.

퇴직금을 종잣돈으로 활용한 재테크도 녹록지 않다. 은행에 돈을 맡겨봐야 들어오는 게 거의 없다. 1년 만기 정기예금 금리가 1%대에 불과한 저금리 시대에 은행은 더 이상 기댈 언덕이 못 된다. 돈을 불려주는 곳이 아니라 그저 돈을 보관하는 장소에 불과하다. 주식이나 펀드에 투자하려니 더더욱 겁이 난다. 높은 수익률을 노리고 들어갔다가 원금마저 날리면 전 재산을 탕진할 수 있다.

재취업 시장 또한 꽁꽁 얼어붙은 빙하기다. 그나마 열려 있는 일자리라고는 경비, 청소 등 단기 저임금 육체노동이 대부분이다. 각 시도가 운영하는 고용센터와 중장년일자리희망센터를 노크해보지만 실망스럽다. 교육의 내용이나 수준부터 실직·퇴직자에게 적합하지 않다.

그러다 보니 수료생을 원하는 수요처도 많지 않은 형편이다. 겉으로 보이는 취업률에 일희일비하기보다 숙련된 인력을 어떻게 재활용할 수 있는지가 관건이다.

숙련 인력 재활용 방법 추진

왜 기업이 퇴출된다고 종업원까지 퇴출되어야 하나. 기업이나 경영이 부실한 것이지 직원들이 부실한 것은 아니기 때문이다. 오히려 이들은 각자 다양한 분야에서 풍부한 현장의 경험과 경륜이 체화된 숙련 인력이다. 산업에 꼭 필요한 소중한 인적자산이다.

실제로 대대적 실업난 속에서도 일손을 구하는 구인난이 빚어지고 있다. 3D 분야 말고도 일부 기능 및 기술 직종을 중심으로 우수인력을 확보하지 못해 애태우는 중소기업이 의외로 많다. 특히 소기업, 지방소재 기업, 서비스 직종, 복지서비스 등은 퇴직한 중장년의 전문 인력의 노하우와 역량, 마인드 등의 전수가 긴요한 분야이다.

이 같은 현상은 중소기업 근무를 꺼리는 일부 근로자의 편견도 크게 작용한다. 하지만 적지 않은 경우 자신을 필요로 하는 적재적소의 일터를 찾지 못하는 현실에서 비롯된다. 새로운 일터를 찾는 퇴출 기업 실직 인력과 새로운 인재를 원하는 기업의 정보를 관리하고 구인구직을 연결해 주는 '인력은행'이 필요하다. 많은 비용투자를 하지 않고도 실업난, 구인난 해소는 물론 인력 재활용에 따라 사회적 손실을 최소화시키는 '일거삼득'의 효과를 볼 수 있다. 구태여 정부가 나서지 않아도 된다. 민간단체나 해당기업의 인력관리부서 차원에서도 얼마든지 가능한 사업이다.

　다만 더 이상 지체돼서는 곤란하다. 인력도 설비자산과 마찬가지로 진부화와 감가상각이 빠른 속도로 진행되기 때문이다. 오래 방치되면 시대변화에 뒤지고 능력과 효용이 저하되기 마련이다. 구조 조정기를 맞아 부실기업의 퇴출은 조기에 이뤄지는 게 맞다. 동시에 인력은행 설립도 시급히 추진되어야 마땅하다. 이런 일은 서둘러도 된다.

09 인연을 알면 내일의 경영이 보인다

'인'과 '연'의 조화, 성공경영의 열쇠

불가(佛家)에서는 세상만사를 인연으로 파악한다. 인연은 '인(因)'과 '연(緣)'의 두 글자로 이루어진 복합어이다. '인'이 어떤 사건의 직접적이고 1차적인 원인이라면, '연'은 그 인이 구체화될 수 있도록 밖에서 도와주는 간접적이고 2차적인 요인이라 할 수 있다. 인연에는 반드시 결과가 뒤따른다. 인연이라는 용어 자체가 '인이 있어서 연을 만나면 반드시 과(果)가 있다'는 인연과를 줄인 말이기도 하다. 이런 인과 연이 만나면 사건이 일어난다.

옷깃을 스치는 작은 일도 인연에 기인한 결과라 한다. 예를 들어, 마당 가운데 한 그루의 나무가 서 있다고 하자. 나무에 있어서 씨앗이 인이라면, 물이나 공기 그리고 햇빛 등은 그 나무의 연이 된다. 인과 연이 상호 결합하여 싹이 트고 줄기와 뿌리가 자라며, 꽃으로 피어나고 열매로 맺힌다.

인간 역시 인연의 만남에 따라 만들어진 소출이다. 사람마다 부모의 '씨앗'이라는 인이 어울려 태어났고, 또한 의식주, 교육, 예절, 질서 등의 연을 통해 지금의 모습으로 살아오고 있다. 부모의 씨앗 역시 저절로 생겨난 게 아니다. 하늘로부터 내려온 햇볕, 빗물, 땅속의 수분과 양분을 섭취하며 자라난 동식물 등을 먹고 만들어진 일종의 제품이다. 그러니 부모의 씨앗은 물론, 그로 인해 생겨난 우리 자신의 내면에는 삼라만상이 이미 자리 잡고 있는 셈이다.

게다가 햇빛과 강물은 지구별에서 수십 억 년 동안 비춰오고 흘러 온 것으로 이것을 받아들여 자란 동식물들이 내 몸에 들어와 생명을 이루고 있으니, 현재 나의 삶 속에는 영겁(永劫)이 녹아 있다고 할 수 있다. 그렇게 보면 지금의 나는 '나' 혼자의 힘이 아니라, 부모에게, 자연에게, 삼라만상에게, 하늘에게 신세 지고 도움을 받아 지탱하고 있는 것이다. 붓다는 '나'는 없으며 또 그것을 깨달음으로써 모든 집착에서 벗어나 대자유의 세계인 열반에 이른다고 설파한 바 있다. 이것이 바로 인연의 원형이다.

반드시 결과가 뒤따르는 '인연 경영'

기업 경영 역시 삼라만상의 일부이다. 따라서 거기에도 당연히 인도 있고, 연도 많다. 그러한 인과 연들이 서로 만나서 좋건 나쁘건 간에 경영의 결과로 나타나게 된다. 기업에 있어서, 인은 직접적으로 재화나 서비스를 창출케 하는 자본, 노동, 기술 등 기업 내부의 인적, 물적 역량의 요소라 할 수 있다. 이에 비해 경영 전반에 직·간접적으로 영향을 미치는 경쟁, 고객, 가격, 유통구조, 기술동향, 거시적 환경 등 제반 외부적 요인은 연으로 비유될 수 있다.

기업 입장에서는 인과 연의 요소를 잘 결합해 최선의 결과로 연출해 내야 한다. 인도 물론 좋아야 하지만 연도 또한 좋아야 좋은 결과를 가져올 수 있는 것이다. 선인선과(善因善果)요 악인악과(惡因惡果)라 했다. 선한 일은 반드시 그 결과가 선하게 나타나지만, 반대로 악한 일을 하면 그 결과가 나쁘게 나타난다는 말이다. 뿌린 대로 거둔다는 인 과응보의 이치이다.

어쨌든 기업 경영은 선인선과를 이끌어내야 하는 과정으로 정의될 수 있다. 하지만 우리 기업들, 특히 상당수 중소기업들의 현실은 이와 는 거리가 가깝지 못하다. 적지 않은 기업들이 인과 연을 조화시키는 이른바 '인연 경영'의 경지에 이르지 못하고 있다. 오히려 인에만 얽매 이는 '인 경영' 수준에 머물고 있는 기업들이 태반인 실정이다.

이런 기업일수록 경영실패의 원인을 1차적인 내부적 경영요인 즉, 인에만 돌리게 된다. 회사 형편이 어려워지면 그 이유로 소요자금의 부족, 기술 및 기능인력 확보의 어려움, 수출이나 내수 부진 등 '인(因) 적 요인'을 들먹인다. 또한 이에 대한 개선을 정부나 중소기업 지원기 관 등 외부에 호소하고 나선다. 문제가 잉태된 진원지를 기업 내부에 서 찾기보다는 경쟁, 고객, 금융부족, 정부잘못, 정책실패, 경기침체, 경영환경 악화 등 외부적 요인의 탓으로 돌린다.

기업 경영은 선인선과(善因善果) 도출 과정

사업실적이 양호한 기업들의 태도도 별반 다르지 않다. 마치 자기 기업의 경쟁력이 다른 회사보다 자본력, 인적자원, 기술 수준이 월등 하거나 특출해서 다 그렇게 된 것으로 착각한다. 사업에 도움이 되었 던 외부적 여건 즉 인과 협동하여 결과를 만드는 간접적인 원인, 연에 에 대해서는 생각조차 하지 않는다. 모두 자기 잘 나서 일궈낸 성과로 자만과 오만에 빠진다.

　형편이 악화되면 그때 비로소 다급해진다. 문제의 근원을 체계적으로 접근해 규명하기보다 임시변통의 대증요법으로 허둥대곤 한다. 다분히 연의 요인들에 대한 이해 부족과 인과 연의 부적절한 만남에서 연유된다는 사실을 간과한다. 경영전략 마련 소홀, 상업적 마인드 부재, 환경 및 기술 변화에 대한 예측 부족, 자금계획의 수립 및 실행능력 부재 등이 그 전형적 증상임을 미처 깨닫지 못한다. 기업 내부적으로는 별다른 문제가 없음에도 주변을 둘러싼 환경 요인이나 제도적 여건이 우호적이지 못해 생겨난 결과로 오판한다.

　어느 기업에나 공히 인과 연의 요인들이 존재하게 마련이다. 다만 정작 중요한 것은 이것들을 어떻게 잘 조화시켜 최선의 결과를 도출시키느냐 하는 사실이다. 기업의 내부 환경과 외부 환경을 분석하여 강점, 약점, 기회, 위협요인을 규정하고 이를 토대로 경영 전략을 수립하는 알버트 험프리(Albert Humphrey)의 SWOT 분석도 이와 동일한 맥락으로 이해될 수 있다. 구슬이 서 말이라도 꿰어야 보배라 했다. 인과 연을 제대로 헤아리고 잘 배합시키는 것이 성공 경영의 관건이 된다. 무릇 인연을 알면 경영이 더 잘 보인다.

10 근로시간 단축, '워라밸' 구현의 치트키가 될 것인가

일자리 나누기는 미래사회의 가치

시행에 들어간 근로시간 단축이 여전히 논쟁이다. 주당 근로시간이 68시간에서 52시간으로 줄어들었다. 제도 변경에 대한 반발이 아직 거세다. 비용 상승, 생산 차질, 수출 악화를 우려한다. 줄어든 근로시간에 대한 기업들의 대비 자세 또한 허술하다. 대책조차 못 세우는 형국이다. 대기업도 갈팡질팡 어쩔 줄 몰라 한다. 최저임금 인상과 맞물려 이중고(二重苦)라며 아우성들이다.

중소기업에게는 더 큰 충격이다. 근로시간 단축으로 기존 근로자의 근무시간을 줄여야 한다. 자본력 한계로 추가 채용은 엄두도 못 낼 처지다. 국회 예산정책처 자료에서도 근로시간 단축에 따른 급여 감소폭이 회사 규모가 작을수록 크게 나타났다. 기본급이 낮은 데다 휴일·야간 근무 등 시급제 수당이 많은 열악한 급여구조 탓이다.

주 52시간 근로 단축에 들어간 공공기관과 300인 이상 기업의 종사자들에서도 이상 징후가 벌써부터 감지된다. 업무량이 줄지 않다 보니 '위장 근무'만 늘고 있다는 소식이다. 퇴근한 것처럼 출입증을 찍고 다시 일을 시작한다니. 제시간에 퇴근을 해도 재택근무를 피할 수 없는 어이없는 상황마저 연출되고 있다. 일은 일대로 하면서 월급만 깎이는 꼴이다.

근로시간 단축이 추가 채용으로 이어지기를 기대하는 정부의 간절한 바람은 무망해 보인다. 자동화나 효율성 개선 쪽으로 관심을 돌리려는 기업들의 기민한 움직임들도 포착된다. 생산시설이나 R&D 연구소 등의 해외 이전을 고민하는 사례도 늘고 있다. 뜻은 좋으나 현실은 안타깝다.

근로시간 단축, 준비는 허술, 대책은 빈손

묻지도 따지지도 말고, 무조건 주 52시간이라는 게 부담이다. 업종별 특성을 반영치 않고 일괄 적용하려는 획일적 시도가 문제다. 계절별, 시기별로 업무량이 상이한 산업의 특성을 간과하고 있다. 밤샘이나 주말 근무가 잦은 IT, 연구개발 산업 등의 현실과도 배치된다. 전문 영역이 달라 분업이 힘든 기업에게도 획일적 노동시간 운용은 적합지 않다. 근무시간을 명확히 획정하기 힘든 대외업무 분야들도 사정은 다르지 않다.

3개월로 묶인 탄력근로 기간도 짧다는 반응이다. 납기를 맞추려면 근로시간의 유연성이 전제되어야 한다는 목소리다. 일이 몰릴 때 집중적으로 일하고, 없을 때 쉬는 탄력적 근로시간이 법정 시간을 초과하면 이를 3개월 안에 해소하는 건 쉽지 않다는 지적이다. 최대 1년까지 허용하는 유럽이나 일본 등에 비추어도 너무 짧다.

각각의 주장들은 나름 일리가 있다. 그렇다고 후진적인 노동여건을 지금처럼 방치할 수는 없다. OECD 회원국 대한민국의 국민들이 언제까지 일벌레로 살아갈 수 없다. 변화된 노동관(勞動觀)과 다양화된 라이프 스타일에 부응할 시기도 되었다. 근로시간 세계 최장국이라는 평가가 자랑스러운가. 아직도 근무여건 빈국임을 세계만방에 자백하는 수치스러운 오명일 수 있다.

제도는 그 자체만 들여다봐서는 개선이 힘들다. 문제점만 보이기 십상이다. 제도 시행의 배경과 취지를 큰 안목으로 살펴야 제대로 된 해법을 찾을 수 있다. 근로시간 단축을 문재인 정부의 노동정책 변화로만 바라보는 편협한 시각은 곤란하다. 궁극적으로 한국 사회가 지향해야 할 사회적 가치임을 간파해야 한다. 일과 생활의 균형을 이루는 '워라밸(work and life balance)'을 구현하고, 일자리 나누기를 실천하는 최선의 방책이 될 수 있다.

실질소득 감소 등 반작용 최소화를 위한 노력

실제로 앞선 기업들은 우수 인재 확보를 위해 사원의 생활을 배려하는 제도나 프로그램을 진즉 시행에 나섰다. 근로시간 단축은 물론, 탄력적 근로시간 운용, 보육·간호 지원, 건강관리 증진, 교육훈련, 장기휴가 등이다. 업무만족도 증대, 사기 진작, 기업에 대한 충성도 제고 등에서 상당한 성과를 거두고 있다.

다만, 근로시간 단축이 실질소득 감소로 나타나는 반작용은 최소화해야 한다. 그런 산업이나 기업에 대해서는 부작용과 역기능을 바로잡는 보완책이 시행되어야 한다. 집중적 탄력 근무를 노사 합의에 맡기고 법 적용 예외업종을 확대하는 방안도 서둘러야 한다. 적어도 업종, 직군별 특성을 무시한 일률적 시행이 기업의 경쟁력 저하로 이어지는 일은 없어야 한다. 고정된 틀로 현상을 가두려 해서는 안 된다.

기업들이 해외로 빠져나가 국내 일자리 창출에 악영향을 미치는 일이 생겨서도 곤란하다. 채용 장려금, 사회보험료 지원, 노무 컨설팅 등의 과감한 지원책을 동원해서라도 국내 기업의 탈(脫)한국 사태는 막아야 한다. 필요하면 중소기업의 경영안정을 위한 신용보증기금의 특례 지원도 적극 고려해볼 만하다.

형벌 기준에 대한 완화도 긴요해 보인다. 법정 근로시간 위반에 대한 사용자 처벌이 엄중한 편이다. 노사가 일을 더 하기로 합의해도 형사 처벌을 피해가기 힘들다. 2년 이하 징역 또는 2000만 원 이하의 벌금은 누가 봐도 지나치다. 근로시간 단축이 정착될 때까지 만이라도 형사 처분보다는 노사 간의 자율 개선을 유도하는 합리적이다. 장기적으로도 형벌을 최소화하는 게 바람직할 수 있다.

근로자의 밀도 있는 업무수행 역시 필수적 요건이다. 근무시간 중 사적 업무는 삼가야 한다. 업무시간 중 휴대전화를 들여다보거나 인터넷으로 개인 용무를 보는 것은 외국 기업에서는 상상조차 힘든 일이다. 각자가 주어진 시간에 업무에 전념하면 근로시간 단축에 따른 비용 증가나 원가 부담은 상당 부분 흡수될 수 있다. 제 할 도리를 다한 후에 바랄 걸 바라는 게 근로자의 책임이자 권한일 수 있다. 의무 이행이 곧 권리 주장이라는 사설(私說)을 감히 보탠다.

11 음주도 핵심 경영전략으로 삼아라

음주문화도 우위 확보의 비즈니스 도구

중국의 음주문화는 그 나라 역사만큼이나 길다. 중국인들은 식사할 때 거의 예외 없이 술을 마신다. 술 없이는 예를 다하지 못한다며 상대의 술잔이 가득 차도록 자꾸 첨잔을 한다. 술을 강제로 권하거나 억지로 잔을 돌리지는 않는다. 대개 각자의 주량에 따라 마시지만 친한 친구를 만나거나 호기를 부리려면 '깐'(乾)을 제의한다. 그렇다고 술에 취해 주정을 부리는 것은 절대 금기사항이다.

중국 비즈니스에서도 식사 접대 시 술이 빠지지 않는다. 대기업보다는 중소기업과의 협상에서 이런 관행이 남아있다. 겉으로 보면 거래처들과 의례적으로 어울려서 즐기는 단순한 술자리처럼 비칠 수 있지만 사실은 그렇지 않다. 비즈니스로 만나는 상대가 과연 어떠한 사람인가를 파악하는 자리로 본다는 것이다.

거래 상대가 될 기업의 재무구조가 어떠하고 신용도가 양호한지, 또한 상대방의 인품은 어떠하고 그의 언행은 믿을만한 것인지를 관찰하는 기회로 삼는다. 그래서 중국 기업인은 술좌석에서 취하는 법이 없다. 허점을 보이지 않는다. 항상 긴장을 늦추지 않고 대화를 진행하며 상대를 부단히 관찰한다.

한국 기업인이 사업차 중국에 가게 되면 중국 거래처는 으레 환영

연회를 베푼다. 자리가 시작되면 주최 측 사장(董社長)이 처음 만나 반갑다는 인사와 함께 환영주를 권한다. 대개 단번에 다 마시는 '원샷'이다. 한국 기업인은 이에 대한 답례로 보통 70도짜리 바이주(白酒)를 단숨에 들이킨다.

사장은 장기간 여행에 수고 많았다는 인사를 건네면서 두 번째 건배를 제의한다. 중국에서는 건배 제의를 거절하거나 도중에 잔을 내리면 실례라는 말을 익히 들었는지라 기꺼이 잔을 비운다. 사장은 마지막으로 세 번째 건배를 제안한다. 자리에서 일어나 술을 권하고 싶은 사람에게 가서 각자의 잔으로 원샷을 한다. 관시(關系)라고 표현되는 인간관계를 무척 중요하게 생각하는 중국문화의 영향 때문이다.

중국의 '1:3' 술자리는 협상·상담의 장(場)

이게 끝이 아니다. 이번에는 부사장(副董社長)이 세 차례의 환영주를 권한다. 그다음에는 상무이사가 배턴을 넘겨받아 또 세 차례의 건배를 제의한다. 주최 측 인사들은 최소 세 번, 한국 기업인은 최소 아홉 번의 건배를 하게 된다. '1 대 3'으로 마시다 보면 제아무리 술에 강한 장사라도 버텨낼 재간이 없다. 십중팔구 정신을 잃다시피 가까스로 숙소로 돌아와 쓰러진다.

다음 날 일어나 보면 지난 밤 무슨 대화를 했고 어떻게 호텔에 돌아왔는지 기억조차 희미하다. 이런 일화는 한국 기업들의 중국진출 초기에 벌어졌던 다분히 과장된 얘기이나 가벼이 넘길 수 없다. 2만 6천여 기업들이 564억 달러를 투자하는 등 한국이 세계 3위의 중국 투자국으로 부상한 지금도 여전히 재연되는 장면이다.

여기서 한 가지 분명히 짚고 넘어가야 할 부분은 대조적인 양국 기업인들의 인식 차이다. 중국 기업인은 술자리를 협상과 상담의 장(場)으로 활용하는 반면, 한국 기업인은 친목이나 사교의 기회 정도로 여긴다. 지구상에서 상술에 가장 능한 민족의 하나가 중국이다. 술을 가장 잘 마시는 국민 또한 중국인으로 꼽힌다. 이것만 보아도 중국인들이 그들이 즐기는 술을 비즈니스 도구로 요긴하게 잘 활용하고 있음을 짐작할 수 있다.

중국 기업에게 술은 비즈니스 도구

그렇지만 한국도 술에 관한 한 다른 나라에 뒤지지 않는다. 한국인의 1인당 알코올 소비량은 연간 10.9ℓ로서 OECD 회원국 중에서 당당히 '선진국' 반열에 올라있다. 국민건강영양조사에 의하면, 성인의 월간 1회 이상 음주율은 남성 75.3%, 여성 48.9%로 나타났다. 성인 100명 중 남성 75명, 여성 49명이 술을 마시는 꼴이다. 1회 평균음주량이 7잔 이상(여성 5잔)이며 주 2회 이상 음주하는 고위험음주율도 남성 21.2%, 여성 6.3%에 달한다.

알코올은 향정신성 약물로 분류되는 중독성 물질임이 분명하다. 다량의 알코올을 갑자기 마시거나 과도하게 지속적으로 마시는 것은 소화기계, 심혈관계, 중추신경계에 유해하고, 급성 또는 만성 알코올 중독을 일으킬 수 있다. 잘못된 음주문화는 건강을 해치고 사회도, 경제도 해친다.

국민건강보험공단 건강보험정책연구원이 발표한 내용에 따르면 음주로 인해 발생하는 사회경제적 비용은 연간 9조 4,524억 원에 이른다. 각종 불법과 사고 등도 음주에서 비롯되는 경우가 적지 않다. 경찰청 교통사고분석시스템 자료에 의하면 음주운전이 2017년 기준 1만 9769건이 발생했다. 481명이 죽고 3만 4423명이 다쳤다. 범죄행위 중 26.4%는 주취자에 의한 것이다.

그렇지만 음주의 순기능 또한 무시할 수 없다. 대인관계를 촉진하고 스트레스를 해소한다. 상당수 국민들이 기호품으로 술을 여기고 있다. 비즈니스에서 술자리는 피할 수 없다면 음주에 대한 시각을 새롭게 하는 게 어떤가. 불가피한 술자리를 효율적인 사업 영위를 위한 기회의 창으로 활용하자. 강력한 경쟁우위의 원천으로 작용할 수 있다. 비즈니스 세계에서 음주는 더 이상 문화로 그칠 수 없다. 경영전략으로 진화되어야 한다. 중국 기업인의 음주문화를 벤치마킹할 필요가 있다.

12 경쟁력은 경쟁에서 나온다

악마의 카르텔 '일감 몰아주기' 폐해

지난 장맛비에 수원 단오어린이공원에 있는 수령 500년 된 느티나무가 쓰러졌다. 세 갈래로 쪼개지듯 부러졌다. 조선왕조 22대 정조대왕이 1790년 수원화성을 축조할 당시 나뭇가지를 잘라 서까래를 만들었다고 알려진 바로 그 나무다. 나라에 큰 어려움이 닥칠 무렵 구렁이 울음소리를 냈다는 전설도 전해진다. 1982년 보호수 지정에 이어 2017년 대한민국 보호수 100선에 선정된 높이 33.4m, 둘레 4.8m의 거목이다. 해마다 나무 주변에서 영통 청명 단오제가 열리는 등 수원 시민들이 애지중지하는 고목이다.

자세한 원인이야 전문가들이 규명하겠지만 멀쩡하던 큰 가지 4개가 한꺼번에 무너진 것이 줄기 내부의 동공(洞空) 때문이라는 발표가 언뜻 이해가 안 된다. 이 정도의 폭우나 강풍이 500년 동안 한두 번이 아니었을 텐데, 갑자기 부러진 진짜 이유가 궁금하다. 쓰러지기 전 사진을 보면 그 나무 혼자만 울타리 안에 덩그러니 서 있다. 혹시 보호수로 지정하고 주변을 공원화하면서 나무를 너무 외롭게 만들어 속이 타고 텅 비게 된 것은 아닐는지.

'문학적 상상'까지 해보는 건 들은 바가 있어서다. 나무의 생존율은 다른 나무나 잡초 등 주변 환경과 상관관계가 있다는 것이 나무를 키워본 사람들의 경험담이다. 울창한 숲의 나무가 크게 자라듯 다른 식물들과 함께 크도록 하면 나무의 생존율이 높아진다는 얘기다. 모수가 적어 통계적으로 검증된 바 없지만, 주변 나무보다 성장이 더디면 햇빛을 보지 못해 죽기 때문에 더 높게 크려고 서로가 경쟁하면서 다 잘 자라게 된다는 것이다.

부러진 5백 년 느티나무의 교훈을 되새기자

일부러 풀을 뽑지 않고 작물을 재배하는 자연농법의 원리도 귀담아들을만하다. 풀은 가뭄을 예방하고 수분을 유지하여 흙을 살리는 고마운 존재임에도 현실에서는 불필요한 존재로 취급된다. 풀과 함께 있으면 작물의 성장에 방해가 된다는 생각에서다. 작물이 풀과 함께 자라면 흙 속의 양분을 뺏겨 성장이 느리다고 여긴다. 하지만 풀보다 작물 성장이 더딘 것은 양분 다툼이 아니라, 햇볕이 있어야 하는 광합성 경쟁에서 밀리기 때문이다. 같은 조건에서 농업기술로 개량된 작물은 자연에 오랫동안 적응한 풀에게 무조건 백전백패하고 만다.

오히려 작물이 성장하는 두둑과 떨어져 있는 고랑의 풀을 작물과 함께 키우면 풀은 본연의 흙 살리기를 하면서 병충해를 예방하는 데 도움이 된다. 다만, 광합성에 방해가 되지 않도록 작물보다 높게 자라지 않게 풀을 베어 그 자리에 덮어주면 된다. 풀이 또다시 올라오는 시간을 지체시키고 가뭄을 예방하는 수분을 유지할 수 있다. 경쟁이 성장의 주요 인자라는 사실을 일깨워 주는 자연 생태계의 소중한 가르침이다.

경쟁의 효용 가치는 산업 현장에서 더욱 빛을 발한다. 경쟁을 좋아하는 기업이 있을 리 없고 경쟁에서 지면 큰 피해가 뒤따르지만 살아가면서 피할 수 없는 게 경쟁이다. 경쟁은 경쟁자가 분명하고 그 수가 많을수록 성공 가능성이 높아지는 묘한 특성을 지닌다. 경쟁이 붙으면 어떻게든 이기려고 노력하는 게 본능이고, 또 그러기 위해서는 전략적이고 전술적으로 행동하기 때문이다.

혹자는 '선택과 집중'을 성공 방정식으로 거론하지만, 이는 자원의 투입 과정에서나 맞는 말이다. 산출 결과의 관점에서는 '선택과 집중'이 좋은지, '경쟁과 상생'이 좋은지는 단정 짓기 어렵다. 기업 경영에서 이 두 가지를 직접 비교하기는 현실적으로 불가능하다. 기업의 존폐까지 담보하며 이렇게 저렇게 시험 삼아 해볼 수 없는 노릇이기 때문이다. 그런데도 기업 경영에서 '경쟁과 상생'이 가져오는 순기능의 효과는 의외로 크다.

경쟁만큼 강력한 무기는 없다

선택과 집중이 문제를 일으키는 경우도 있다. 한 곳 거래처에만 믿고 납품하다가 거래가 끊겨 문을 닫는 기업들이 한둘이 아니다. 이와 반대로 핵심 부품을 한 곳 업체에만 개발시켜 조달해오다 하청업체 부도로 연쇄 도산 하는 경우도 적지 않다. 해당 협력업체로서도 경쟁자 없이 안정적으로 물량을 확보할 수 있다 보니 다른 분야에 관심을 돌려 실패한 사례다. 경쟁이 치열했더라면 이 기업도 본업에 충실했을 것이다.

경쟁 환경을 말살하는 주범 중의 하나는 '일감 몰아주기' 관행이다.

한국 경제에 치명적 해악을 끼치는 고질병으로 이미 번져 있다. '우리끼리 해 먹자'는 강자들의 암묵적 카르텔로서 치료는커녕 적발조차 어렵다. 대한민국 곳곳에서 염증을 일으키고 급기야 곪아 터지고 있다. 추잡한 행위들이 하도 많다 보니 일일이 열거조차 부끄럽다.

재벌 기업들은 물류회사를 설립해 계열사 물량을 독식시킨다. 은행들은 자회사를 만들어 본지점 건물관리나 물자구매 등을 전담시킨다. 대기업은 친인척이나 지인이 경영하는 회사에 납품을 독점시킨다. 재벌기업의 1차 협력업체 대다수가 총수 일가나 친인척이 운영하는 사실은 온 천하가 다 안다. 규제 회피를 위해 일감을 주던 회사를 슬그머니 통폐합시키는 얌체 기업까지 생겨나고 있다. 최근 불거진 국내 항공사들 비리의 중심에도 어김없이 일감 몰아주기 부정이 똬리를 틀고 있다. 갈 데까지 가고 올 데까지 온 느낌이다.

일감 몰아주기를 탓하는 것은 당사자들끼리만 편취하는 사사로운 이익에 배 아파서가 아니다. 경쟁 부재로 인해 기업의 경쟁력이 상실되고 국가 경제에 초래되는 손실이 더 이상 커지지 않기를 바라는 마음에서다. 이제부터라도 일감 몰아주기를 멈추고 일감 몰아주기 관행을 몰아내야 한다. 시장경제의 가장 큰 장점은 경쟁이다. 경쟁만큼 강력한 무기는 없다. 모든 경쟁력은 경쟁에서 나온다. 나무 키우거나, 기업 경영이나, 개인 생활에서나 다 마찬가지다.

Part 03

산업: 스태프가 연구해야 융합이 된다

01 열풍 속 태양광발전사업, 정부의 창의적 발상이 관건이다

농촌 회생, 에너지 생산, 환경 보전, 재정 절감의 '일석사조'

가히 태양광발전 광풍이 심상치 않다. 탈(脫)원전을 표방한 정부의 신재생에너지정책에 힘입어 농어촌, 산간, 도서벽지 가릴 것 없이 우후죽순으로 세워지고 있다. 별다른 기술 없이도 안정적 수익을 올리고 개발 이후 지가상승까지 기대된다는 달콤함에 농업인들의 귀가 솔깃하다. 이미 전국적으로 3만 개에 육박한다는 추산이다. 발전시설 허가면적만도 2010년 30ha에서 2017년에는 1천434ha까지 47배 이상 폭증했다.

시설 난립에 따른 민원도 속출한다. 주거환경 침해와 발전량이 많은 곳에서는 전자파 발생을 걱정한다. 전기 모듈이나 시설 등의 폐기물도 골칫거리다. 지자체들도 제동을 걸고 나섰다. 전국 지자체 226곳 가운데 약 100곳이 농촌 태양광발전시설 설치에 관한 사항을 조례로 정해 규제하고 나섰다. 대부분 주거지역과 도로에서 최소 100m, 최대 2㎞ 이상 떨어져야 태양광발전시설 등으로 개발을 허가하도록 규정하고 있다.

규제를 피해 설치지역이 차츰차츰 산지나 호수 등으로 옮겨가는 양상이다. 그럴수록 부작용만 커진다. 공사를 위해 수십 년 된 나무들이 벌목되고 오래된 숲이 사라진다. 산림 훼손, 산사태. 토사 유출 등의 피해가 늘고 있다. 지목 변경으로 고지대에까지 발전소가 들어선다. 수려한 자연경관이 망가지고 있다. 설치비용도 늘어난다. 도로나

마을에서 멀리 떨어질수록 한전선로 확보 등에 추가 비용이 들기 때문이다. 수익성이 악화되고 관리는 더 어려워진다.

인허가도 까다로워지고 있다. 농협경제지주가 2017년 농촌 태양광 발전사업 신청자를 대상으로 인허가 현황을 분석한 결과를 보면 신청자 286명 가운데 105명만 설치할 수 있었다. 181명은 인허가를 받지 못한 것으로 조사되었다. 그 사유로는 '지자체의 거리제한 위반'이 73명(40%)으로 가장 많았다. 이어 '맹지 규정 적용' 29명(16%), '한국전력 선로부족' 27명(15%), '농업진흥구역 내 위치' 21명(12%) 순이었다. 이밖에 '개발제한구역 내 위치' 7명(4%), '경사도 제한 초과' 5명(3%), '내부지침 위반' 4명(2%)으로 나타났다.

시설 난립, 자연 훼손, 민원 속출, 수익성 악화의 악순환 고리

농업진흥구역 내에 농지를 소유한 농업인의 불만이 특히 크다. 축사나, 주택, 처리시설 등 건축물 위에서나 태양광발전사업이 가능하도록 규정한 농지법령 때문이다. 그나마 이것도 시설 준공 후 1년이 지난 후 신청을 해야 가중치 1.5를 받을 수 있다. 하지 말라는 얘기나 다를 바 없다. 19년째 쌀 과잉생산으로 농가소득이 바닥에 떨어지고 정부는 정부대로 이를 보전키 위해 막대한 재정 지출을 하는 현실과는 전혀 동떨어진 조치다.

한국 농정의 양대 고민거리인 태양광발전사업과 쌀 과잉생산의 문제를 별개의 사안으로 보는 근시안적 행정 탓이다. 거시적인 안목에서 성격이 다른 두 사안을 상호 연계시켜 관찰하면 의외의 해답을 찾을 수 있다. 자연환경을 훼손치 않으면서 태양광 발전과 쌀 과잉생산의 고민을 동시에 해소할 수 있는 대안이다. 연간 40만 톤 가량의 과잉생산량에 해당하는 면적의 농업진흥구역에 태양광발전소 설치를 허용하는 방안이다. 돌연한 역발상으로 여겨질지 모르나 기대효과만큼은 실로 탁월하다.

당장 정부의 재정 부담을 크게 줄일 수 있다. 벼 재배면적 축소에 따라 고정직불금이 절감된다. 쌀 공급 감소에 따른 시장가격 상승으로 목표가격과 시장가격간 차액의 85%를 지급하는 변동직불금 또한 대폭 절감이 가능하다. 실제로 2016년산 쌀에 지원된 양 직불금은 2조 3천억 원을 넘었다.

2017년산 쌀 변동직불금은 5,393억 원으로 전년의 3분의 1 수준이었다. 산지 쌀값이 80kg 기준 17만 원대로 역대 최고 수준이었던 때문이다. 재정 부담은 줄었지만 정부가 쌀값을 올리기 위해 1조 원을 들여 공공비축미와 시장격리곡을 매입했다. 쌀 수매와 변동직불금에 1조5천억 원이 들어갔고 고정직불금까지 고려하면 2조 원 넘게 들어갔다. 이 말고도 정부는 매년 6천억 원이 넘는 쌀 보관비용을 대고 있는 실정이다.

문제가 곧 기회이다

농가 소득도 높일 수 있다. 논 1ha당 벼 재배 소득은 직불금을 합해도 797만 원 수준에 불과하다. 이에 비해 태양광발전사업의 수입은 벼농사의 몇 배 이상이라는 계산이다. 태양광 패널 아래에 다른 작물을 재배하거나 미꾸라지 등 수산물을 양식할 경우 추가 수입도 얻을 수 있다. 벼농사를 계속하는 농업인들도 전체적인 쌀 생산량 감소로 인한 가격 상승으로 소득 증가를 기대할 수 있다.

설치비용도 상대적으로 저렴하다. 농업진흥구역 내 시설 설치는 산악지대에 비해 비용이 적게 든다. 도로, 전기 등 기반시설이 잘 구비되어 작업이 수월하기 때문이다. 접근성도 양호해 유지 보수나 관리도 편하다. 거주지역과도 멀리 떨어져 있어 민원발생의 소지 또한 크지 않다. 그럴 리 없겠지만 만에 하나 식량안보가 우려되는 비상 국면에서도 설비 제거가 용이해 금세 농지로 되돌릴 수 있다.

눈에 보이지 않는 더 큰 장점은 무분별한 난개발에 따른 환경 훼손을 막고 자연경관을 보존할 수 있다는 점이다. 자연 파괴는 한순간에 벌어지지만 원상 복구에는 엄청난 노력과 비용과 장구한 시일이 소요된다. 벌거벗은 민둥산이 울창한 숲으로 돌아오기까지 30년 넘는 긴 세월이 필요했던 과오를 우리는 몸소 체험했다.

농촌 회생, 에너지 생산, 환경 보전, 재정 절감의 난제를 일거에 해결할 수 있는 방안으로 현재 농업진흥구역 내 태양광발전사업만 한 게 없다. '일석사조'의 유망한 대안이다. 문제를 문제로 보면 문제로 남지만, 기회로 보고 기회를 찾다 보면 기회가 찾아오게 마련이다. 특히 농촌, 농업의 문제야말로 정부의 창의적 발상이 요구되는 부문이다.

02 풍작 걱정하는 한국 농업, 활로는 어디에 있는가?

'기업형 영농조합'으로 이룬 규모의 경제

해마다 가을만 되면 넓은 들판이 온통 황금물결이다. 벼농사가 5년째 풍작이다. 그런데 기뻐해야 할 농심은 매년 슬픈 표정이다. 생산 과잉에 따른 가격 폭락 우려 때문이다. 정부도 추석 민심이 신경이 쓰이는지라 연휴가 시작되기 직전에 서둘러 수급안정대책을 내놓는다.

2017년만 해도 쌀값 안정을 위해 1조 원이 넘는 예산을 투입해 정부 매입 물량을 72만 톤으로 늘렸다. 공공비축미 35만 톤과 시장격리 물량 37만 톤이었다. 농민단체가 요구한 정부 매입 100만 톤에는 미달했지만 역대 최고 규모였다. 이것 말고도 민간의 벼 매입 확대를 위해 정부와 농협의 융자지원 규모도 3조 3천억 원으로 3천억 원이나 늘렸다.

그래봐야 일 년짜리 미봉책에 그치는 게 문제다. 그나마 한해는 넘어갈 수 있을지 모르나 당장 일 년이 지나면 더 힘든 상황에 직면하게 된다. 농민들은 해마다 여전히 벼를 재배할 것이고 쌀은 과잉 생산될 것이다. 정부가 매년 더 많은 예산으로 쌀을 매입하다 보면 정부미 재고는 넘칠 게 분명하다. 정부의 쌀 재고량은 이미 포화상태다. 206만 톤에 이른다. 정부가 매입한 쌀과 세계무역기구(WTO) 규정에 따라 의무 수입하는 밥쌀용 쌀 등이다. 보관비용만도 연간 6천억 원이 넘는다.

쌀의 공급 과잉, 재고 누적, 농가소득 감소의 문제를 일거에 해결하는 근본적인 처방이 절실하다. 아직 그런 묘책은 보이지 않는다. 정부로서도 임기응변식 단기 대책만 반복하며 한해 한해 급한 불을 끄기 급급하다.

풍년으로 슬픈 농심

쌀 공급과잉의 해법을 '수요와 공급의 균형'에서 찾으려던 지금까지의 접근방법은 현실성이 없다. 쌀 소비를 늘리고 생산을 줄이는 방식은 실현 불가능하다. 쌀 소비가 늘기는커녕 매년 줄고 있다. 한 해 1인당 쌀 소비량이 61kg까지 떨어졌다. 1980년의 46% 수준이다. 60kg 붕괴도 시간문제다. 해법이라곤 쌀 생산을 줄이는 수밖에 없다. 그러자면 쌀 재배 면적을 줄여야 하는데 우량농지 훼손과 식량안보를 내세운 반대 목소리가 크다.

현행 방식을 무작정 유지하기도 어렵다. 정부가 나서 쌀 수입을 막아주고, 보조금을 지급하고, 수매가를 높여 농가소득을 보전해주는 방식을 언제까지 지속할 수 없다. 막대한 예산이 소요되고, 궁극적으로 한국 농업의 경쟁력을 자해하는 결과를 초래하기 때문이다.

질병은 병인을 찾아내야 완치가 가능하다. 우리나라 쌀 문제의 원인은 규모의 영세성에 있다. 다수의 농민이 좁은 농토에서 저마다 소량의 쌀을 생산하는 후진적 구조가 발단이다. 국내 농가당 평균 쌀 경작면적이 1.11ha에 불과하고 1ha 미만의 농가가 전체의 57.9%에 이르는 상황에서 경쟁력이 나올 리 만무하다. 정부의 보조 없이 농업이 자립할 수 없는 게 진실이다.

문제가 곧 답이 될 수 있다. 농가의 영세성 탈피가 관건이다. 농가들이 연합하여 '기업형 영농조합'을 설립하여 경쟁력을 만들어내는 해법이다. 뜬금없는 얘기로 들릴지 모르나 뉴질랜드의 키위 농업을 보면 희망이 보인다. 뉴질랜드산 키위는 전 세계시장의 20~30%를 차지한다. 이 나라가 키위 강국이 될 수 있었던 것은 화산재 모래가 섞인 토질의 덕분도 있지만, 농민단체들이 세운 기업형 조합의 전략이 적중한 데 기인한다.

세계적인 키위 브랜드 제스프리(zespri)가 그 대표적 사례다. 제스프리는 뉴질랜드 농가들이 연합해 만든 기업형 조합이다. 뉴질랜드 농가들도 우리 농민들과 비슷한 어려움이 있었다. 1980년대 들어 키위가 과잉 생산되고 수출기업 간 경쟁이 격화되자 키위 값이 폭락했다. 시장개방정책에 따라 보조금도 폐지되면서 파산 농가가 속출했다. 이때 뉴질랜드 정부는 보호정책 대신 오히려 농가 구조조정에 나섰다.

벼랑 끝에 내몰린 2700여 농가들이 모여 제스프리라는 기업형 조합을 결성했다. 키위 재배 농가들이 주주로 참여했다. 주주들은 재배 수익과 배당을 얻는 구조였다. 제스프리는 품질 관리, 품종 개발, 해외시장 개척 등에 힘써 세계적 기업으로 성장할 수 있었다.

농사, 뭉치면 살고 흩어지면 죽는다

남들이 하는 일을 우리라고 못 할 리 없다. 정부의 결단과 농가들의 마음먹기에 달렸다. 농가들이 연합하여 '기업형 영농조합'을 세워 경작 규모의 확대, 시설투자, 품질관리, 혁신적 영농기법 등으로 사업성을 확보할 수 있다. 가공, 운송, 보관, 유통 등 연관 산업들과의 연계 강화를 통한 원가 절감과 수익성 향상으로 대량생산의 이익, 대규모 경영의 이익을 창출해낼 수 있다.

농사 기술에 정보통신기술(ICT)을 접목하여 지능화된 스마트 팜으로 경쟁국 농업을 앞질러 갈 수도 있다. 생산·유통·소비 과정에 걸쳐 생산성, 효율성, 품질 향상 등으로 고부가가치를 창출시킬 수 있다. 그렇게 되면 수출 길도 열릴 수 있다. 인접국가 중국은 세계 최대의 식량 수입국이다. OECD에 따르면 지난해 중국은 540만 톤의 쌀을 수입했다. 농가 입장에서는 농지와 노동을 제공하고 급여와 배당으로 안정적 수익을 얻을 수 있다. 현재 소득보다 낮다면 농가들도 마다할 이유가 없다.

전쟁에서도 연합군이 승리한다. 제1·2차 세계대전이 그랬다. 한미연합군사령부도 한반도를 수호하는 든든한 지킴이다. 경제에서도 다국적 기업이 힘이 세다. "뭉치면 살고 흩어지면 죽는다." 해방 후 좌우익 분열이 극심할 때 이승만 대통령이 국민단결을 위해 호소했던 이 한마디. 작금의 쌀 문제의 질고(疾苦)를 완치하는 명의의 처방이 될 수 있다.

03 해운물류산업, 상생의 고육지책이 필요할 때이다

대기업 물류사, '한국형 DHL'로 성장해야

물류 대전(大戰)이 발발했다. 상호출자제한 기업에 속하는 물류사업자, 즉 대기업의 물류 자회사가 그룹 내 계열사의 물류, 즉 2자 물류만 취급하고, 일반 화주의 물류, 3자 물류를 금지하는 해운법 개정안이 발의되면서 촉발된 싸움이다. 이른바 물류산업의 '경제민주화 법안' 처리를 놓고 관련 업계 간 입장차가 여전해 합의까지는 상당 시간이 소요될 전망이다. 다툼의 실마리는 대기업의 일감 몰아주기에서 비롯되었다.

2000년 이전만 하더라도 해운물류는 화주가 해운사에 화물을 위탁하여 선박으로 운송하는 구조였다. 2000년대 중반 이후 대기업이 물류 자회사를 설립하여 2자 물류를 추진하면서 3자 물류 화주의 일감까지 저가로 쓸어 담는 형식으로 변질되었다. 국내 8대 재벌기업 물류사들이 처리하는 수출 물동량은 전체 물량의 약 80%를 차지한다. 글로벌 포워더의 물량까지 합치면 90%를 웃돌 것이라는 추산이다. 나머지 10%도 안 되는 물량을 4천여 중소 물류사들이 나눠 먹는 현실이다. 적은 물량에 많은 물류사들이 매달리다 보니 물류시장 질서가 어지럽혀지고 중소 물류사의 매출이나 수익성이 극한 상황에 내몰려 있다.

해운사에 대한 대기업 물류사의 횡포 또한 지나치다는 여론이다. 원가 이하의 운임을 강요하고 이를 통해 폭리를 취하는 '갑질'을 일삼아 왔다는 원성이 자자하다. 대규모 물량으로 무장한 대기업 물류사 앞에 해운사들은 고양이 앞의 쥐 신세다. 당할 수밖에 없다. 해운운임 지수 하락으로 가뜩이나 고전하는 상황에서 무리한 운임인하 요구는 감내할 수준을 넘은지 벌써 오래다. 대기업 물류사들이 지난 15년간 72배나 급성장한 반면, 해운사들은 2.3배 성장에 그치고 있다. 부익부 빈익빈 현상은 개선은커녕 더욱 심화되는 추세에 있다. 법 개정을 들고나온 절박한 이유이다.

현상 방치, 개정안 통과 사이의 진퇴양난

법 개정에 따른 예상 문제점도 만만치 않다. 당장 대기업 물류사의 반발이 거세다. 일감 몰아주기에 대한 정부의 규제로 그간 해외투자를 늘리고 글로벌 네트워크를 강화하는 등 3자 물류를 키워왔다는 것이다. 이제 와서 이를 포기하고 계열사의 2자 물류만 취급하라는 요구는 어불성설이라는 볼멘소리다. 세계적인 물류기업을 육성하겠다는 국토해양부의 정책이나 일감 몰아주기를 규제하려는 공정거래위원회의 정책 방향과도 엇박자라는 지적이다.

대기업이 물류 시장에서 철수할 경우 자본력이나 해외 네트워크가 취약한 중소 물류사가 물량을 감당하기 어려운 게 현실이다. 외국계 물류사들만 배불릴 수 있는 역차별도 우려된다. 화주의 물류사 선택권이 제한되어 물류비용이 오르고 국내 물류산업이 무너지는 불길한 시나리오도 신경이 쓰인다.

개정안 내용이 자율시장 경쟁에 위배되는 위헌의 소지가 있는 점도 걸림돌이다. 골목상권 보장이나 전통시장 보호를 위한 대형마트 강제 휴무제 등 경제민주화를 위한 제도가 시행 중인 점을 들어 위헌이 아니라는 반론도 있기는 하다. 그러나 수백억 원, 수천억 원의 선박을 거느린 해운사를 골목상권의 영세 상인과 비교하는 것 자체가 무리라는 의견에 힘이 더 실린다.

대기업 물류 자회사가 구축해온 물류 운영 노하우, 네트워크 등도 하루아침에 무용지물이 될 수 있는 것도 부담이다. 판토스와 CJ대한통운은 각각 해외에 350개, 150개의 글로벌 네트워크 구축을 했다는 소문이다.

개정안에는 해상운송·통관·보세운송 등 국제물류주선 서비스는 제한하고 보관·운송 등 국내물류 서비스만 가능하다는 내용이 담겨 있다. 대기업 물류사들이 화주에게 원스톱 물류 서비스를 제공할 수 없게 되는 것도 문제다. 일괄서비스가 요체인 복합물류에서 물류 흐름의 단절은 곧 거래 중단을 의미하기 때문이다.

물류는 자연하천처럼 흘러야

현상을 방치할 수도 그렇다고 개정안을 통과시킬 수도 없는 진퇴양난이 지금의 상황이다. 문제는 심각한데 답이 안 보인다. 속담에 광에서 인심 난다 했다. 해운과 물류 산업이, 물류 산업 내의 대기업과 중소기업이 공존공영하기 위해 대기업 물류사의 '통큰' 양보가 필요하다. 대기업 물류사가 그룹 물량의 일정 부분, 가령 50%까지만 취급하고 잔여 물량을 중소 물류업체들의 몫으로 시장에 내놓는 방안이다. 대신 해외 시장으로 눈을 돌려 '한국형 DHL'로 커나가는 게 해법이다.

좁은 국내 시장에서 이전투구 밥그릇 싸움보다는 광활한 지구촌 시장에서 더불어 공생하는 게 상책이다. 그룹 물량의 배분은 중소기업 적합업종의 경우를 벤치마킹하여 관련 산업과 동반성장위원회가 머리를 맞대고 사회적 합의를 이끌어내야 한다. 만의 하나 합의 도출이 어렵다면 그때 가서 관련법 개정으로 법적 구속력을 강제하는 방안도 고려될 수 있다.

그래야 시장에서 공정거래 질서가 살아나고 3자 물류가 활성화될 수 있다. 일감 몰아주기, 내부거래 등 그간 대기업 물류사에 쏟아졌던 비난도 사라질 수 있다. 대기업 물류사가 취급하는 물동량 감소에 따라 해운사에 대한 운임 후려치기 관행 또한 고쳐질 수 있다. 물류는 자연하천처럼 흘러야 한다. 인위적으로 물길을 막거나 돌리면 수질이 오염되고 물고기가 떼죽음하는 폐해가 뒤따른다. 이명박 정부의 4대강 사업처럼 뒷감당을 죄 없는 누군가 해야 한다.

04 자원개발, '기회의 땅' 아프리카로 가자

자원개발 없는 경제발전은 무망

에티오피아항공은 우리나라에 취항하는 유일한 아프리카 국적기다. 아프리카 여행객들 대다수가 이 회사 항공편을 이용한다. 인천에서 홍콩을 경유해 에티오피아 수도 아디스아바바까지 가는 노선이다. 인천-홍콩 구간은 한가한 편이다. 좌석이 대부분 비어서 간다. 비즈니스 클래스 부럽지 않게 누워갈 수 있을 정도로 여유가 있다. 비행기가 홍콩 공항에 멈추면 그곳까지 가는 승객들이 내린다. 아프리카까지 가는 탑승객들은 기내에서 대기한다.

한 시간가량 지나면 홍공-에티오피아 노선 승객들이 탑승한다. 만석이다. 거의가 중국인들이다. 원래는 인천-아디스아바바 직항노선으로 취항했는데 한국 승객들이 많지 않자 폐쇄되었다. 홍콩을 경유하는 인천-홍공-아디스아바바 노선으로 바뀌었다. 아프리카에서 인천으로 돌아올 때도 아디스아바바-홍콩 구간은 만석이다. 하지만 홍콩-인천 구간은 역시 좌석이 텅텅 빈다. 아디스아바바에서 온 중국인 승객들이 홍콩에서 내리기 때문이다.

아프리카는 중국인들로 붐빈다. 체류하는 중국인 수가 100만 명이 넘는다. 진출 기업도 3천 개를 상회한다. 중국은 명실공히 아프리카 제1의 교역국이다. 현지인이 동양인을 만나면 중국인이냐고 물어온다. 아니라고 대답하면 일본인이냐고 묻는다. 한국사람인지는 아예 묻지도 않는다. 관심도 흥미도 없다. 아프리카에서 한국인을 접할 기회가 그만큼 적다는 얘기다.

아프리카는 '동물의 왕국'이 아닌 '자원의 제국'

자원의 '블랙홀'로 불리는 중국의 자원 독식은 다른 나라의 추종을 불허할 정도다. 3조 달러가 넘는 외환보유액에 힘입어 호주, 중남미, 아프리카 등 전 세계를 오가며 자원개발에 올인하고 있다. 특히 2000년 이후 진출한 아프리카에 대한 관심은 각별하다. 중국은 경제성장으로 수요가 커진 에너지, 광물 자원을 확보하기 위해 아프리카에 대한 투자와 교역을 늘리고 있다.

중국의 아프리카에 대한 투자와 무역 규모는 2000억 달러에 이른다. 경제, 무역, 정치 등에서 전략적 협력의 동반자 관계를 유지하면서 자원개발, 투자, 상품시장에서 점유율을 높이고 있다. 저가 입찰과 정부차관 등을 앞세워 토목, 건축 등 인프라 수주에서도 약진 중이다.

반면 우리나라의 아프리카 진출 성과는 초라하기 그지없다. 지난 10년간 아프리카 공적개발원조(ODA) 규모가 7배 늘었고, 투자 규모도 6배 증가했지만 중국에 비해 절대적 열세다. 아프리카와의 투자와 무역 규모의 비중이 전체의 1.5% 수준에 불과하다. 심각한 문제는 따로 있다. 자원도 없는 나라에서 자원개발에 대한 고민마저 커 보이지 않는 점이다.

그도 그럴 것이 이명박 정부 시절에 발생한 자원개발 비리로 인해 박근혜 정부이후 자원의 '자' 자(子)도 꺼내기 힘든 분위기다. 새 정부 들어서는 자원 비리에 관련된 인사들이 줄줄이 법정에 서고 있다. 적폐청산 목록에도 두드러지게 올라있다. 이처럼 살벌한 상황에서 해외 자원개발 주창자가 나오기 힘들다.

과거 정부애서 14조 원을 투자해 건진 것이 거의 없다고 자원개발을 포기해서는 안된다. 리스크가 큰 자원개발 투자에 대해 사후 손실이라는 결과만으로 개발 책임자에게 형사책임을 묻는 것 자체가 난센스다. 수십 년에 걸쳐 진행해야 하는 자원개발 사업의 특성을 이해하지 못한 근시안적 판단일 수 있다. 설거지 많이 하는 사람이 그릇도 자주 깨게 마련인데 그런 이치를 모른다.

아프리카, 거대한 소비시장으로 '떠오르는 신대륙'

중국의 '자원 독식' 현상은 한국 경제로서는 부담이다. 원자재 조달의 어려움으로 작용할 소지가 크다. 우리나라가 필요로 하는 석유, 철광석, 유연탄 등의 광물자원이 중국이 확보하려는 자원과 겹치는 점에서 심각성이 더하다. 자원 가격의 급등세가 재연될 기미를 보이는 것도 걱정이다. 자원 부국들이 외국 기업들의 자원개발을 제한하려는 보호 정책을 펴고 있기 때문이다.

정부와 기업은 에너지와 자원 개발, 투자, 무역 확대는 물론 IT, 전력, 교육, 의료서비스 등의 지원으로 아프리카 국가들과의 연결고리를 늘려야 한다. 자유무역협정(FTA)도 확대해야 한다. 국가정상의 아프리카 순방을 포함한 다양한 통상 외교와 더불어, 자금 지원, 인력 교류 등을 강화해야 한다. 이전의 태권도 시범공연이나 새마을운동 전파

등 전시성 이벤트는 절대 금물이다.

아프리카에 대한 국민들의 인식도 달라져야 한다. 아프리카 하면 상당수 국민들이 '동물의 왕국'이나 '타잔'을 떠올린다. 가난하고 전쟁과 질병에 시달리는 곳으로 알고 있다. 매스컴들도 그런 그늘진 모습들만 골라 앞다퉈 보도한다. 한국에 거주하는 아프리카인들이 이를 보고 경기(驚氣)를 일으킬 만하다.

아프리카는 미개발 국가들이 모여 있는 곳이 아니다. 급속한 경제성장, 점진적인 정치안정, 풍부한 천연자원, 넘치는 인프라 수요, 거대한 소비시장으로 떠오르는 신대륙이다. 한국 경제의 성장 동력 확보를 위해 지구상에 이만한 '기회의 땅'이 없다. 아프리카 주요 도시로 가는 직항편이 즐비하고 기업인과 여행객들로 붐비는 날이 속히 와야 한다. 자원개발 없이는 경제발전도 기대할 수 없다. 후발주자이지만 '빨리빨리' 하면 '만만디'를 따라잡을 수 있다.

05 고령화 시대, 실버산업이 새로운 비즈니스 성장 모델이다

한국 초고령사회, 토요타-로레알 모델로

30년 전 네덜란드에 머문 적이 있다. 처음 접하는 유럽의 선진문물은 개도국 동양인에게 생소하고 기이했다. 문화적 차이였다. 공공장소에서 이루어지는 젊은이들의 진한 애정표현이나 스헤베닝엔 해변에서 만난 누디스트들의 적나라한 모습은 목불인견이었다. 왜 하필 여성 속옷을 기차역 자판기에서 파는 지도 이해하기 힘들었다.

기차에는 승차권을 확인하는 검표원이 없었다. 트램을 탈 때도 목적지 구간에 맞춰 승객이 알아서 티켓을 개찰기에 투입하면 그만이었다. 3구간을 가면서 1구간만큼만 접어도 아무도 알아차리지 못했다. 불심검문에 걸리면 20배로 벌금이 부과되는 걸 나중에 알게 된 사실이다.

공감하기 힘든 문제는 따로 있었다. 인구감소가 네덜란드의 가장 큰 걱정거리라는 점이었다. 기하급수적 인구증가가 거스를 수 없는 자연법칙이라는 맬서스 인구론을 바이블처럼 신봉했던 개발도상국 국민에게는 '배부른 고민'처럼 보였다. "우리도 인구 걱정이 없던 나라였다. 1970년대 들어 저출산·고령화로 인구가 줄면서 비상이 걸렸다. 한국도 20년 안에 같은 상황이 벌어질 것이다. 지금부터 서둘러 대비해야 할 것이다." 심각한 충고였으나 그때는 잘 몰랐다.

30년 전 네덜란드처럼 한국도 인구감소국

그럼에도 한국은 여전히 가족계획을 시대적 소명으로 여기고 있었다. 예비군교육장마다 훈련 면제를 미끼로 남성의 생식 기능을 무참히 짓밟고 있었다. 셋째를 출산한 산모는 의료보험 혜택을 받을 수 없어 퉁퉁 부은 몸을 이끌고 조기 퇴원을 마다하지 않았다. 가족수당은 언감생심이었다. 세 자녀와 외출 길에는 영업용 택시마저 멈추지 않았다. 다자녀 부모라는 사실은 당시 한국 사회에서 일종의 측은지심의 낙인이었다.

인구정책 표어는 더욱 가관이었다. 1970년대는 "딸·아들 구별 말고 둘만 낳아 잘 기르자"가 국민적 구호였다. 1980년대 들어서는 "둘도 많다. 하나 낳고 알뜰살뜰"로 슬그머니 바뀐다. 그러다가 2000년대 들어 표어 내용이 돌변한다. "가가호호 아이 둘셋, 하하호호 희망 한국"으로 황급하게 유턴한다. 10년 앞도 못 내다본 근시 행정의 결과였다

결국 네덜란드의 예상은 적중했다. 네덜란드가 인구 감소를 겪은 지 20년이 지난 뒤, 한국도 인구감소를 피해갈 수 없었다. 다만 네덜란드와 한국이 다른 점이 있다면 뒤늦게 깨달아 대책 마련에 실기했다는 사실이다. 호미로 막을 걸 가래로도 막기 힘든 상황을 자초한 셈이다.

실기(失機)는 정부만 하는 게 아닌 듯하다. 기회에 둔감한 것은 기업들도 다를 바 없어 보인다. '위기는 기회'라는 말을 귀에 못이 박히도록 들어왔음에도 인구감소를 단지 위기로만 바라본다. 이면에 가려있는 고령화가 돈을 벌 수 있는 절호의 기회임을 알아차리지 못한다.

고령사회 한국에서 실버산업은 기회

고령화는 유럽에서 시작되어 미국, 아시아, 라틴아메리카로 번지고 있다. 우리나라도 65세 이상이 전체 인구의 14% 이상인 '고령사회'로 공식 진입했다. 2000년 '고령화 사회'에 들어선 지 17년 만의 일이다. 프랑스 115년, 미국 73년, 독일 40년, 일본 24년이 걸렸던 진입기간을 최단기로 주파한 신기록이다. 전체 인구의 20%가 고령자인 초고령사회도 2026년에 도래할 것이라는 통계청의 예상이다. 의학 발달로 고령자 수명이 늘어나고 신생아 수가 줄어드는 가운데 베이비부머의 노인인구 편입이 가속화되고 있기 때문이다.

고령화의 속도에 비해 실버산업에 대한 국내 기업의 대응은 더디기만 하다. 세계 실버산업의 규모가 2020년 15조 달러로 추정되는 유망산업임에도 국내 기업의 64.6%는 실버산업에 진출할 계획조차 없다는 게 대한상의의 조사결과다. 실버산업은 의약품, 식품, 화장품, 의료기기, 생활용품, 금융, 요양, 주거, 여가 등 다양한 산업을 총망라하는 광범위한 신(新)산업 군이다.

고령층은 높은 소비 여력을 보유하고 있다. 비단 우리나라뿐 아니라 일본, 미국, EU 등 다른 나라도 비슷하다. 고령층에 초점을 맞춘 자동차를 출시하는 토요타나, 노인 세대에 특화된 화장품을 생산하는 로레알 등의 사례는 실버산업이 차세대 돈줄이라는 확실한 반증이다. 세계적인 투자자들이 유망 실버기업을 찾아 우리나라를 방문하지만 이내 발길을 돌리고 만다. 고령화 속도가 가장 빠른 나라에서 실버산업을 성장의 기회로 삼으려는 기업이 전무하다시피 한 특이상황을 이해하기 힘들다는 반응이다.

고령화는 국가나 사회적으로 부담일 수 있으나 기업에게는 축복일 수 있다. 기회를 선점한 몇몇 기업이 시장 전체를 지배하는 승자독식의 산업 생태계에서 실기한 기업에게 돌아갈 수 있는 기회는 없다. 맬서스가 그토록 걱정했던 빈곤뿐이다.

06 금호타이어 매각, 시행착오는 되풀이된다

'부실기업에 혈세 부담 없다'

금호타이어 정상화의 시동이 걸렸다. 중국 국영 타이어업체 더블스타로 매각이 되면서 법정관리와 청산의 벼랑에서 벗어났다. 해외매각절대 불가를 주장했던 노조의 입장이 막판에 뒤집혔다. 조합원 투표결과 찬성 60.56%로 해외자본 유치를 가결했다. 노사가 경영정상화방안과 단체교섭 조인으로 서로 손을 잡았다. 2년간 상여금 일부를반납하고 생산성을 4.5% 향상시키는 데 합의했다.

채권단은 체불임금 지급 등을 위해 2천억 원 규모의 긴급자금 투입을 결정했다. 국내 공장설비에 2천억 원을 투입하고, 금호타이어 지분 45%를 6,463억 원에 넘기는 투자계약을 더블스타와 체결, 매각절차를마무리한다. 앞으로 3년간 고용보장 부분, 또 향후 5년간은 최대 주주지위를 유지하기로 하는 조건에도 의견을 모았다.

외국 기업에 매각되는데 거부감이 없지 않다. 하지만 최악의 위기에서 회생의 전기가 마련된 건 천만다행이다. 원칙이 이겼다는 평가지만과정에서의 회한과 아쉬움도 적지 않다. 그간의 경과를 처음부터 끝까지 복기(復棋)하고자 하는 중요 이유다. 지금까지의 처리 과정을 되짚어봄으로써 금후 부실기업 정상화를 위한 명쾌한 해법을 찾기 위해서도 꼭 필요한 작업이다.

결과적으로 노조는 대통령의 눈치만 살핀 꼴이 되었다. 정치적 해결이 아닌 경제 논리로 풀겠다는 청와대 의중을 전달받고서야 태도가 돌변했다. 정부와 채권단의 끈질긴 대화와 설득에는 꿈쩍 않던 이전과는 상반된 모습이었다. 인수를 희망하는 기업도 없는 상황에서 세 차례나 파업을 강행했던 때와는 전혀 딴판이었다.

원칙이 이겼지만 처리 지체로 인한 손실 커

당초부터 노조는 장관이나 은행장과는 상대조차 하지 않으려 했다. "부도처리 되면 청와대도 못 막고 아무도 못 막는다"는 산업은행 회장의 말을 한 귀로 듣고 흘렸다. "노조 대표자가 금호타이어 전 직원의 의사를 제대로 대변하는지 의문"이라는 금융위원장의 발언에는 대꾸조차 없었다. "노사 간 합의가 없으면 대규모 투자 유치가 물거품이 되고, 유동성 문제로 인해 법정관리가 불가피하다"는 경제부총리의 호소 역시 들은 척도 안 했다. 정부와 채권단의 소리는 마이동풍, 노조의 반응은 요지부동이었다.

노동계가 청와대의 정치적 해결에 거는 기대감이 더없이 큰 현실을 방증한다. 해법이 되어야 할 경제 논리는 늘 뒷전이다. 대통령으로의 권력 집중을 비난하면서도 항상 청와대를 통해 뭔가 더 얻어내려 한다. 이율배반적인 행실, 자가당착적 악습이다. 금호타이어 사태 또한 장관이나 자치단체장, 채권은행장이 처리해도 충분한 일이었다. 그럼에도 국가수반인 대통령이 직접 나서서 해결되는 선례를 추가한 셈이 되었다. 가장 아쉽게 느껴지는 대목이다.

처리 지체에 따른 손실도 만만치 않았다. 매각이 1년여 지연되는 과정에서 금호타이어의 몸값은 9,500억 원에서 6,000억 원대로 주저앉고 말았다. 처음부터 정부가 확실한 입장을 견지했더라면 더 일찍, 더 적은 비용으로 해결될 수 있었다. 처리 지연은 국가 경제 전체에 불확실성을 키웠고 국민적 불안감마저 증폭시켰다. 졸지에 생긴 직간접의 헤아리기조차 힘든 거대 손실을 이제 와서 어디서 보상받을 것이며, 그에 대한 책임은 또 누가 질 것인가. 두 번째 아쉬움이다.

구조조정 내용은 시장에 의한 구조조정과는 실상 거리가 멀다. 노사 간 합의에는 독립경영 보장, 노동조합, 단체협약, 고용의 승계 보장, 직원에 대한 스톡옵션 부여 등이 포함되어 있다. 기업의 가치를 끌어올려 최대한 가격을 높게 받고 팔아야 하는 주주나 채권자의 입장에서는 하나 같이 불리한 조건들이다. 정부 주도의 구조조정이 갖는 태생적 한계로 보아 넘기기에는 부담하는 원가와 비용이 지나칠 수 있다. 세 번째 아쉬움이다.

부실기업에 '금호타이어 원칙' 가감 없이 적용

해외 매각은 일시적 해결책에 불과하다. 스스로 경쟁력을 갖추지 못하면 결국 기업은 도태되고 만다. 부실기업을 인수한 기업으로서는 뼈를 깎는 구조조정 없이는 기업을 살려낼 수 없다. 구조조정은 단순히 인력 감축이나 자산 매각을 통해 몸집을 줄이는 작업이 아니다. 사업의 기본 틀을 바꿔 경쟁력을 키우는 절차탁마의 과정이다.

경쟁력을 획기적으로 끌어올리지 못하면 인수한 회사는 브랜드나 기술만 확보하고 철수할 수밖에 없다. 이른바 '먹튀' 외에 다른 선택이 없어진다. 지난날 쌍용차의 전철을 밟을 수 있다. 모든 게 아직까지는 '약속'일 뿐인데, 벌써부터 매각 결정을 문제의 완결로 여기며 들뜬 분위기다. 네 번째 아쉬움이다.

아쉬움이 아쉬움에 그치면 아무런 의미가 없다. 깨달음으로 진화될 때 가치를 발휘한다. 금호타이어 사태가 기업 구조조정의 전환점이 되어야 하는 필연적 당위성이다. 경제 문제를 정치 논리로 다루지 않겠다는 정부의 확고한 입장 표명이 더없이 중요한 시점이다. 노조의 무작정 농성, 정치권부터 찾는 행보, 대안 없는 반대, 실리 없는 명분 싸움 등이 통할 수 없음을 이번 기회를 통해 분명히 못 박아둘 필요가 있다.

자력 회생이 불가능한 부실기업에 혈세를 쏟아붓는 일은 더 이상 없다는 강력한 정책 의지가 시장에 전달되어야 한다. 구조조정에 난항을 겪는 기업들이 지향할 좌표가 되어야 한다. 향후 부실기업들에게도 '금호타이어 원칙'이 가감 없이 적용될 거라는 인식을 강하게 심어주어야 한다. 그래야 금호타이어 사태에 지불한 국가적·사회적 비용이 결코 헛되지 않는다. 기억 없는 역사가 반복되듯, 성찰 없는 시행착오는 언제든 재발하고 만다.

07 '착한 프랜차이즈'를 위한 3대 해법을 제시하다

공동 경영-공정 배분, 본사-가맹점 동반성장 견인

"대한민국은 프랜차이즈 공화국이다. 마케팅의 주권은 가맹사업에 있고, 모든 권력은 가맹본사로부터 나온다." 한국 프랜차이즈의 민낯에 대한 헌법적(?) 정의치고는 손색이 없어 보인다. 프랜차이즈 상품이나 서비스 없는 소비생활이 어려울 정도로 광속으로 대중화, 보편화되고 있다. 식음료, 의류, 약품, 화장품 등 생필품을 넘어 교육, 헬스, 미용, 의료, 숙박 서비스 분야 전반에 걸쳐 시장지배력이 커지는 흐름이다. 전국의 프랜차이즈 브랜드 수는 5,273개에 달했고 가맹점 숫자도 21만 8,997개라는 통계다.

비즈니스 측면에서 유용성도 확대일로다. 경험 없이 소자본만으로 손쉽게 시작할 수 있다는 점 때문이다. 프랜차이즈 창업은 청장년층과 실버 세대를 막론하고 우선 선호의 대상이다. 일자리 창출과 창업 활성화가 경제의 화두로 떠오르면서 프랜차이즈 산업에 거는 국민적 관심과 기대감 또한 뜨겁다, 여기까지가 프랜차이즈의 순기능이고 양지의 모습이다.

이에 못지않게 프랜차이즈의 '일그러진 자화상'은 생각보다 깊고 심각하다. 2017년 한 해 동안 4만 1,851개의 가맹점이 창업하고 2만 4181개가 문을 닫았다. 하루 평균 115개가 생기고 68개가 폐업하는 다산다사(多産多死)의 후진적 생태에 머물고 있다. 시장은 커졌지만 평균 업력이 4년 8개월이 불과한 신생 영세업체가 주류이다. 잘 되는 사업에 너도나도 뛰어들어 반짝 유행하다 소멸하는 브랜드만도 부지기수다. 상위 2퍼센트 업체가 전체 시장의 52%를 장악하는 편중마저 심하다.

본사-가맹점간 불공정 관계, 본사 과실 독식 불평등 구도

최근 일부 본사의 갑질 횡포와 경영자의 일탈 행위가 불거지면서 프랜차이즈 문제가 사회적 이슈로 부각되었다. 그나마 불행 중 다행이다. 업계로서는 망신스럽고 창피한 일이지만, 신뢰 저하나 매출 감소로 이어질까 우려해 적당히 넘어가려 해서는 곤란하다. 아프지만 일련의 사태를 마음으로 받아들이는 성숙하고 겸허한 자세를 보여야 할 것이다. 차제에 능동적이고 자생적인 발전을 기할 수 있는 발판으로 삼아 전화위복의 전환기로 삼아야 한다.

업계, 학계, 전문가들도 해법 제시에 발 벗고 나서고 있다. 다양한 대안들이 백가쟁명을 이룬다. "상생 협력의 질서를 정착시켜라", "브랜드 신뢰도를 높여라", "광고 판촉비 사용을 규제하라", "물류 마진 대신 로열티 중심의 사업모델을 구축하라" 등의 조언들이 쏟아지고 있다. 이미 제기된 진부한 제안이 대부분이지만 예사롭게 들리지 않는 작금의 현실이다. 그만큼 문제가 엄중하다는 방증이다.

결국 프랜차이즈 문제는 본사와 가맹점간 불공정한 관계에서 기인하는 측면이 가장 크다. 매출은 가맹점에서 이루어지면서도 수익의 과실은 본사에서 독식하는 고질적인 불평등 구도가 만병의 근원인 셈이다. 그동안 치료에 나서지 않아 환부가 깊어지고 커져 온 것이다.

본사와 가맹점은 법률상 독립 사업자이다. 그러나 기능적으로는 동업의 관계이다. 가맹점이 잘 돼야 본사가 잘 되고, 본사가 잘 될 때 가맹점이 살 수 있는 오월동주 동반자의 처지다. 상대를 먼저 배려한 연후에 내 몫을 구하는 '기부 앤 테이크(give-and-take)'가 동업의 필수 덕목이다. 내 몫부터 챙기려는 '테이크 앤 기부(take-and-give)'로는 단 하루도 존속될 수 없는 게 동업의 속성이다. 공동으로 경영하고 공정하게 배분하는 '착한 프랜차이즈'로의 변신이 본사와 가맹점의 공존공영과 동반성장을 견인할 수 있다.

제도적, 법적 장치의 고강도, 다단계 해법을

프랜차이즈 동업은 말처럼 쉽지 않다. 본사의 자비심이나 선의에 호소하는 접근으로는 효과를 기대하기 어렵다. 월등한 자본과 정보력, 독점적 물류, 가맹점 감독권 등으로 무장한 본사를 상대로 힘없는 가맹점이 대등한 관계를 유지할 수 없다. 그건 순진한 발상에 불과하다. 강력한 제도적, 법적 장치가 동원되는 고강도의 해법이 요구되는 이유다.

우선, 가맹점이 지정하는 사람을 본사의 감사위원으로 참여시켜 경영을 상시로 감시하는 체제로 전환해야 한다. 둘째, 회계연도마다 본사의 일정 부분을 넘는 초과 수익에 대해 공정한 분배를 청구하는 '수익배분 요구권'을 가맹계약에 명시, 법제화하는 제도적 법적 장치 마련이 필요하다. 공동 노력으로 창출된 수익에 대한 공정한 배분을 강제적으로나마 실현시키려는 취지에서다.

세 번째는 본사와 가맹점 간 연결재무제표 작성을 의무화하여 사업 전체의 재무상태와 손익상황을 정부나 이해관계자에게 공시함으로써 분배의 실효성을 확보하는 방안이다.

만성 중증에 시달리는 한국 프랜차이즈를 살리기 위해서 이것 말고는 달리 해법이 없어 보인다. 퇴로가 없는 막장으로 내몰린 위기상황이라 극약처방이 필요하다는 진단이다.

08 지역인재 의무채용, 역차별의 늪에 빠지다

의무채용은 공정경쟁 보장 전제로

아무리 생각해도 이건 아니다. 이대로 시행이 계속되면 안 될 것 같다. 혁신도시로 이전한 공공기관의 지역인재 채용확대가 논란이다. '혁신도시 건설 및 지원에 관한 특별법' 시행령 개정안이 국무회의를 통과되면서부터다. 공포·시행되는 시행령에 따라 지역인재 의무채용 비율이 늘어난다. 혁신도시 이전 공공기관은 시행 첫 회 지역인재 채용비율을 18% 수준에 맞춰야 한다. 매년 3%씩 늘려가야 한다. 2022년에는 지역인재 30% 이상을 의무적으로 고용해야 한다.

각자가 처한 입장에 따라 유불리가 다르겠지만, 지역인재의 고용보장에 토를 달 사람은 없다. 가뜩이나 어려운 취업난에 해당자로서는 이만한 희소식이 없다. 쌍수를 들고 환영할 일이다. 다만 운영방식에 손볼 곳이 적지 않은 게 흠이다. 벌써부터 보완이 필요하다는 목소리다. 반겨야 할 지방자치단체들 중에도 일부는 불만족이다. 지방대학 간에도 희비가 엇갈린다. 차별 논란이 꼬리를 문다.

일단 제도의 경직성이 가장 큰 결점이다. 지역인재에 대한 정의부터 잘못되어 있다. 최종 학력이 공공기관 본사 이전 지역의 고등학교, 대학교 졸업(예정)자로 한정하다보니 생기는 분란이다. 마지막으로 교육을 받은 학교가 그 지역에 있어야만 지역인재에 해당된다. 지역에서 초·중·고등학교를 다니다가 다른 지역의 대학에 진학한 사람은 지역인

142

재가 아니다. 반대로 수도권 거주자가 지방대에 진학하면 지역인재가 된다. 인재를 대학으로 평가하는 주객전도의 사태다.

혁신도시가 공공기관 지방 이전을 통해 거듭나려면 지역을 잘 아는 인재가 필요한 건 사실이다. 그렇다면 누가 지역을 잘 아는 인재인가. 지역에서 태어나 20년 가까이 거주한 사람인가? 아니면 지역 소재 대학에서 4년간 공부한 사람인가? 당연히 지역에 오래 산 지역 출신자다. 그런데도 제도는 현실과 동떨어진 억지 논리를 고집한다. 탁상행정의 전형이다.

'지역인재' 정책은 '국내판 까레이스키' 양산책

외지로 유학 떠난 지역 출신자들의 실망과 분노가 하늘을 찌른다. "우리를 '국내판 까레이스키'로 만들 작정입니까?" 학업을 위해 출향했다는 이유만으로 치러야 하는 차별이 너무 크다. 도를 넘는 역차별이다. 더구나 출신지 공공기관에 취업하기 위해 귀향하려는 청년들까지 가로막는 법령 규제는 황당하기 그지없다.

채용비율의 예외 없는 운용도 문제다. 공공기관이라고 다 같은 기관이 아니다. 자산 규모가 커도 직원 수가 적거나, 인원이 적어도 전문인력 비중이 높은 기관도 있다. 기관마다 채용 여건이 천차만별이다. 본사 이전 지역에 근무하는 인원수나 구성비도 제각각이다. 채용비율을 똑같이 적용할 경우 각종 문제가 생길 수밖에 없는 필연적 구조다.

채용비율을 고수하다 보면 지역인재 채용인원이 해당 지역 정원을 초과하는 일도 벌어질 수 있다. 그 경우 초과된 인원은 다른 지역으로 보내야 한다. 지역인재 채용의 취지와는 동떨어진 상황이 연출되고 만다. 전국적 지점망을 운영하는 신용보증기금 등 금융공기업은 본사 이전지역에 근무하는 인원 비중이 낮아 이런 경우에 해당될 수 있다.

지역인재라 해서 해당 지역에만 근무하는 것만도 아니다. 채용 후에는 인사 순환에 따라 정기적으로 타 지역으로도 이동 배치가 불가피하다. 개인 사정으로 다른 지역에서 정착하는 직원들도 적지 않다. 결국 지역인재 의무채용의 효과와 의미는 시간이 가면서 차츰 희석되게 마련이다. 기관별로 지역인재 채용비율을 탄력적으로 운용해야 하는 제반 이유들이다.

획일적 채용비율은 '신(新) 카스트 제도' 우려

시·도 행정구역을 기준으로 한 지역인재의 범위도 재고될 필요가 있다. 인접 시·도간 협의가 이루어지지 못하면 지근거리에 있는 공공기관에조차 응시가 어려워진다. 가령 충남대 출신은 차로 30분 거리의 세종시 소재 공공기관에 지원을 해도 우대를 못 받는다. 세종시 소재 대학의 졸업생만 혜택이 주어지기 때문이다. 지역인재 입장에서도 좋은 점만 있는 것도 아니다. 다른 지역에 있는 공공기관에 취업을 희망하는 지역인재에게는 도리어 맹점으로 작용한다. 지원자의 적성을 무시하고 직장 선택의 자유를 침해하는 평등성에 위배된다.

지역인재의 효율적인 활용은 본사 이전 지역 중심의 구도에서 벗어날 때 가능하다. 지역의 범위를 광역 권역 별로 세분화시키는 것도 하나의 방안이 될 수 있다. 지역인재 채용인원을 지역본부별 정원비율에 따라 안분할 경우 공공기관은 원하는 인재를 전국에서 골고루 뽑을 수 있다. 지역인재도 자신이 희망하는 전국의 모든 공공기관에 지원이 가능해진다. 제도의 취지도 살리고, 공공기관과 지역인재를 동시에 만족시킬 수 있다. 일석삼조다.

지역인재 확대가 조직의 안정을 해치는 뇌관으로 작용될 수 있는 점도 염두에 둬야한다. 본사 이전지역 출신 직원이 늘어날 경우 그들만의 세력화가 우려된다. 학연과 지연의 폐해가 고개를 들 수 있다. 조직 내에서 지역별, 학교별로 '신(新) 카스트 제도'가 형성되지 않으리라는 보장이 없다. 과거의 예로 봐서도 그럴 개연성은 다분하다.

예외가 원칙을 능가할 수 없다. 소수의 혜택을 위해 다수의 지나친 희생을 강요해선 안 된다. 지역인재 의무채용의 취지가 좋아도 공정한 경쟁 기회를 막을 수는 없다. 배려는 공정성을 훼손치 않는 범위 내에서 시행되는 게 맞다. 지역과 공공기관의 특수성을 살리면서 차별과 불평등을 최소화해야 한다. 차제에 지역인재 의무채용을 공공기관의 재량에 맡기는 과감한 발상 전환도 필요하다. 공공기관이 자율경영으로 처리할 일까지 법령으로 규정하는 것은 과유불급일 수 있다. 괜한 노파심이 아니다.

09 창업지원,
투자의 관점으로 접근하자

대출-자본투자 병행 프레임 전환을

사업을 시작하려면 없으면 안 되는 게 있다. 돈이다. 기업을 인체에 비유한다면 돈은 혈액이다. 돈이 있어야 사업장도 마련하고, 기계나 사무집기도 들여놓고, 원재료도 사고, 직원도 뽑는다. 돈이라는 피가 돌아야 기업이라는 몸이 살아갈 수 있는 이치다.

창업기업은 태생적으로 자본력이 취약하기 그지없다. 창업주가 스스로 마련하는 자기 자금만으로는 어엿한 회사 모양을 갖추거나 사업을 제대로 꾸려나가기는 쉽지 않다. 으레 가족이나 친지로부터 자금을 끌어 모으거나 집이나 땅을 담보 잡히고 금융회사에서 대출을 받아 사업을 시작하게 된다.

주식이나 회사채를 발행하여 증권시장에서 자금을 조달하는 방법이 있기는 하다. 하지만 창업기업에게는 언감생심 희망사항에 그친다. 그저 그림의 떡이고, 남의 나라 얘기로만 들린다. 결국 창업기업이 기대볼만한 언덕이라곤 그나마 정부가 지원하는 정책금융뿐이다.

일자리 창출이 국정의 최우선 과제가 되다보니, 창업지원에 정부나 정책기관이 경쟁적으로 나서고 있다. 지원하는 기관이나 제도의 수가 많다 보니 어디서, 어떤 지원을, 얼마만큼 받을 수 있는지 파악조차 어렵다. 신(神)만이 알 뿐이다.

146

창업기업의 비빌 언덕, 정책금융

소문난 잔치에 먹을 게 없다 했던가. 창업을 돕겠다는 제도는 봇물을 이루는 데, 내용을 들여다보면 속 빈 강정이다. 대출 말고 없다. 중소기업진흥공단의 창업지원자금, 신·기보의 신용보증지원, 지역보증재단의 창업지원자금, 소상공인시장진흥공단의 소상공인창업 자금, 서민금융진흥재단의 창업 자금대출 등 대출 일색이다. R&D 기술개발사업 등 출연사업도 없진 않지만 극히 일부 특별한 기업에 국한된 특별한 서비스에 불과하다.

물론 대출이 기업의 자금조달에 기여하는 바 작지 않다. 금리 이상의 수익을 올리면 내 돈 안들이고 돈 버는 레버리지(지렛대) 효과를 거둘 수 있다. 이자가 세법에서 손비로 인정되어 절세 효과도 얻게 된다. 하지만 수익모델이 제대로 작동되지 못한 창업 초기에 대출은 무거운 짐이 되고 만다. 다다익선을 넘어 과유불급에 이르면 부작용 역기능은 심각하다. 몸에 좋은 약도 과다 복용하면 약이 아니라 독이 되는 이치다.

결국 대출은 창업지원을 위한 최적의 대안이 되기 어렵다. 사업 초기에는 필요한 자금은 큰 반면, 매출이 정상 궤도에 오르지 못해 수익 실현에 이르기까지 상당한 시일이 소요된다. 이에 비해 대출은 받는 순간부터 이자가 발생하여 무슨 일이 있어도 제날짜에 꼬박꼬박 갚아야 한다. 여유자금마저 소진되면 빌려서라도 금융비용을 마련해야 한다. 빚내서 빚 갚는 돌려막기가 시작된다.

연체라도 생기면 금융회사의 대출금 회수조치로 기업은 생존까지 위협받는 어려움에 직면한다. 상당수 기업이 사업화 단계에 이르지 못한 채 '죽음의 계곡(death valley)'에서 생을 마감하는 현실도 스타트업 시기의 금융비용 과중에 따른 자금경색의 영향이 크다.

창업기업에 진정 필요한 돈은 대출보다 투자다. 기관투자가, 벤처캐피털, 엔젤투자 등이 창업기업의 자본투자에 나설 수 있도록 하는 제도적인 연결 장치가 긴요하다. 창업기업에게는 만기가 짧고 매월 이자를 내는 단기성 대출보다는 장기 안정적 운용이 가능한 자본투자가 절실하다. 당장 금융비용 부담에서 벗어나 시간적 여유를 갖고 경영에 전념할 수 있다. 재무구조도 개선되고, 수익 증가로 손익분기점 도달도 빨라지고, 주주 배당도 앞당길 수 있는 등 이점이 한 둘이 아니다.

자본투자보증제도(Equity Guarantee Programme) 도입해야

투자자 입장에서는 창업기업의 높은 리스크가 넘기 어려운 걸림돌이다. 사업성이 제아무리 우수해도 창업 초기의 고위험성 때문에 선뜻 투자 결정을 내리기란 결코 쉽지 않은 일이다. 결국 투자자와 창업기업을 연결하는 가교(架橋)의 역할을 누군가 해줘야 하는데, 시장에서 이를 수행할 경제 주체를 찾기 어렵다. 시장실패(market failure)의 영역으로 정책금융이 감당할 몫이다.

EU 국가들에서 시행 중인 자본투자보증제도(Equity Guarantee Programme)는 이 대목에서 눈여겨 볼만한 소재다. 기관투자자들이 창업기업의 자본금 지분에 투자할 경우, 공적 보증기관이 투자금의 일부(50% 내외)를 보증함으로써 혁신기업의 자금 확보를 지원하는 정책 프로그램이다.

투자손실이 발행할 경우 보증기관과 투자자가 공동으로 분담하여 투자자의 도덕적 해이를 막고 공적 보증기관의 부담을 최소화한다. 공적 보증의 대상을 금융채무에 한정시키지 않고 자본투자로까지 확대시킨 발상 자체가 신선하다. 성과 또한 놀랍다. 당연히 벤치마킹할 가치가 충분하다.

창업 지원 정책의 방향 전환은 더 이상 미룰 수 없는 과제가 되었다. 창업기업의 니즈에 '부합'은 커녕 '부담'으로 작용하는 대출 중심의 기존 프레임을 과감히 깨야 한다. 대출과 자본투자를 병행하는 쪽으로 경로 수정이 불가피하다. 업계의 숙원을 받아들이기 힘들다며 흘려들어서는 곤란하다. 승격된 중소벤처기업부가 최우선 과제로 추진해야 한다.

본래 공적 보증제도의 원류는 유럽이다. 스위스의 동업자 간 상호보증에서 출발했다. 보증제도가 전 세계로 전파되었고, 특히 한국에서 강력히 추진되어 기업성장과 경제발전에 크게 기여했다. 자본투자보증 프로그램 또한 시작은 늦었으나 대한민국 경제의 아름다운 꽃으로 만개(滿開)하기를 바란다.

10 '블라인드 면접'보다 '브라이트 접근'이 필요하다

공정하고 차별 없는 채용은 다양한 정보로부터

"파출소 피하려다 경찰서 만난다" 했다. 공공 부분에 도입되어 운영되고 있는 블라인드 채용방식이 그런 형국이다. 학연, 지연, 혈연보다 실력으로 인재를 뽑겠다는데 토를 달 사람은 없다. 편견이 개입되어 불합리한 차별을 야기했다는 그간의 채용방식이 우리 사회의 병인이라는 진단이다. 당연히 지원자는 물론 온 국민의 박수감이다.

해법이 문제다. 고용노동부가 제시한 입사지원서 표준양식이 엉뚱하게 달라졌다. 출신 지역, 대학, 전공, 성적, 외국어 능력, 나이, 성별, 가족관계 등 개인 정보를 적는 곳이 사라졌다. 신체조건을 보인다는 이유로 사진 부착마저 원칙적으로 금지되었다. 그 빈자리에 직무 관련 과목 및 교육과정, 국가기술 및 전문자격사항, 직무 관련 경험이나 경력을 적는 항목이 생겼다.

학력과 신상정보를 원천 차단해서 채용 과정에서의 편견과 차별을 제거할 수 있을까 하는 의구심이 앞선다. 정보 부족으로 불완전 선택의 가능성이 커지지 않을까 하는 우려와 걱정이 커진다. "구더기 무서우니 장 담그기를 포기하라"는 메시지로 들린다. 문제의 핵심을 피해가는 소극적 해법은 순기능보다 예기치 못한 역기능과 부작용을 불러오기 십상이다.

채용과정에서 불공정하고 차별적 요소가 있으면 다양하고 많은 정보를 참고하여 바로 잡으면 그만이다. 해당 정보를 차단하는 조치는 방책이 될 수 없다. 입사지원서에 출신 대학이나 전공과 성적, 심지어 나이와 성별조차 밝히지 못하게 하는 나라가 어디 있는지 알고 싶을 정도다.

출신대, 전공, 성적, 나이-성별 모르면 어떻게

정부는 공기업과 여론의 압도적 지지를 내세운다. 언론들도 여론을 의식해서인지 맞장구로 화답하는 형국이다. 하지만 산하 기관에서 정부 방침을 반박할 리 만무하다. 더구나 이 문제는 다수결 여론으로 결정할 사안이 아니다. 메가 데이터가 의사결정에 활용되는 빅데이터 시대정신에 역행할 뿐더러, 창조적 혁신이 일상화되는 4차 산업혁명 시대에도 걸맞지 않는 관치 처방이다.

출신 대학, 학과, 성적 등은 지원자의 대학 전 과정에 걸친 학업 이력서다. 기업에서 재무제표와 같은 존재다. 재무제표가 재무상황과 경영 성과를 백 퍼센트 반영하지 못한다고 포기되는 경우는 없다. 대학, 학과, 성적자료는 채용을 위한 충분조건은 아니더라도 필요조건의 정보 가치는 충분하다. 시험성적, 자격증, 인턴 정보만의 채용 방식이 가져올 수 있는 위험성을 보완하기 위해서라도 학력과 신상 정보는 필요하다.

자칫 명문대 진학, 우수한 성적을 위한 노력의 결과들이 평등과 공정의 이름으로 역차별과 불이익으로 이어진다면 그 또한 사회적 손실과 폐해로 이어진다. 민주사회는 시민들의 창의적 노력과 건전한 경쟁으로 지탱한다. 그래야 공정한 시장질서의 근간을 세울 수 있다.

학교수업보다 자격증 확보가 우선인 대학

자격증, 인턴 및 교육 경험에 의존하는 새로운 채용방식이 가져올 후폭풍은 가볍게 볼 일이 아니다. 가뜩이나 힘들어하는 취업준비생들의 신체적, 시간적, 경제적 부담을 가중시킬 게 당장 눈에 보인다. 학생들은 학교 수업보다는 자격증 확보에 열을 올리려는 기세다. 그렇지 않아도 공공 부분 입사에서 보증수표로 통해온 공인자격증에 대한 도전은 가히 봇물을 이룰 조짐이다.

대학의 학사관리에도 비상등이 켜졌다. 경영, 경제, 회계, 법률 등의 이른바 공공기관 직무 관련 과목의 수강신청에 전공자 비전공자할 것 없이 학생들이 몰려들고 있다. 지원서에 전공은 밝히지 않아도 되고 직무와 관련된 과목만 적게 함으로써 빚어진 작금의 광경이다. 전공 쏠림현상마저 가세할 경우 인문 사회계 전공의 고사는 불 보듯 뻔해진다.

체험형 인턴 구직지원에도 러시가 전망된다. 필기시험, 자격증과 더불어 인턴십 체험은 정식 입사 못지않은 전장으로 변모될 게 분명하다. 학력과 학업 정보를 대신해 새로 등장한 직무 관련 경험 란을 빈 자리로 남겨둘 어리석은 지원자가 있을 리 없다. 이래저래 학생들의 꿈과 희망은 왜곡, 변질되고 삶은 더 고단해진다.

옛말에 '급할수록 돌아가라' 했다. 다급하고 중대한 일일수록 진중

한 해결이 방책이라는 경구다. 공정하고 차별 없는 채용에는 오히려 다양하고 많은 정보와 신중한 접근이 필요하다. 감추고 차단하는 게 능사가 될 수 없다. '블라인드(blind)'보다는 공개적으로 활용되는 '브라이트(bright)'한 접근방법이 정보의 가치를 살린다. '깜깜이'보다는 '밝은 게' 낫지 않은가.

11 청년취업, 2등도 기억하는 호(好)시절을 그리다

청년 일자리 문제는 공공부문-소수 대기업만으로 안돼

대학교수 연구실은 대개 한산하다. 찾는 이가 많을 리 없다. 이따금 씩 들르는 학생들이 전부일 정도다. 반가운 방문자는 취업했다고 인사 차 들르는 졸업생이다. 날아갈 듯 기쁘다. 여기저기 자랑하고 싶어 입 이 근질거린다. 교육자가 아니면 이 오진 맛을 알 리가 없다.

그런데 요즘은 상황은 다르다. 출입문 노크 소리가 무섭게 들린다. 휴학이나 전과를 희망하는 학생들의 방문 때문이다. 공무원이나 공기 업 시험 준비를 위해, 자격증 취득을 위해, 인턴 경력을 쌓기 위해, 취 업 잘되는 학과로 옮겨가기 위해서다. 하나 같이 일자리와 관련된 사 안들이다. 더구나 이들의 관심은 온통 공공부문이나 대기업의 채용에 쏠려있는 느낌이다.

그렇게까지 표현은 안 했지만, 공공기관 취업에 별 도움이 안 되는 학 교수업은 잠시 미루거나 아예 포기할 수 있다는 게 학생들의 속마음이 다. 입사 시험, 자격증, 인턴 경력 등 이른바 취업 3종 세트에 올인하기 도 버거운 판이다. 입사원서에 표기조차 안 되는 대학, 학과, 성적 등을 위해 할애할 여유도 필요도 없다는 실속 있는 계산이다. 심사숙고 끝 에 내린 결단이라는 최후통첩에 더 이상의 설득은 힘을 잃고 만다.

대학이 일자리 마련을 위한 취업준비 기관은 아니라지만, 이들의 고민을 속 시원히 해결조차 못 하는 교수의 가슴도 미어진다. 비싼 등록금 내고 받아온 대학교육이 저들의 최대 관심사인 취업에 도움은커녕 방해만 되는 현실에서 오는 자괴감이다. 학업에 정진하여 원하는 직장에서 젊은 꿈을 당당히 펼치라던 평소의 격려가 허언이 되는 순간이다.

정부의 일자리 정책은 중견·중소기업에 집중을

공공부문 취업에 대한 새 정부의 대응은 재빨랐다. 채용 규모나 방식과 관련되는 대책들을 잇달아 내놓았다. 채용 규모의 대폭 확대, 비정규직의 정규직화, 청년고용의무비율 상향, 블라인드 전형 도입, 지역인재 할당제 시행, 유사기관별 합동채용 등 일일이 헤아리기 힘들 정도다. 이런 방식들을 대기업 등 민간부문에도 확대시켜 나가겠다는 게 정부의 구상이다. 역대 정부에서 느낄 수 없었던 관심과 배려가 체감된다.

다만 옥의 티랄까. 청년 일자리 정책이라는 큰 틀에서 보면 경중완급의 측면에서 문제가 있어 보인다. 청년취업을 위해 급히 손써야 할 곳은 공공부문이나 대기업에서의 채용방식이 아니다. 이들 직장은 채용방식을 어찌하든 좋은 인재들이 몰리는 곳이다. 구태여 정부가 나서지 않아도 잘 되는 곳이다. 공무원, 공기업, 대기업은 누구나 가고 싶은 꿈의 직장이다. 높은 임금, 안정적 고용, 각종 복리후생이 보장되는 이른바 일류 직장에 가고 싶지 않은 젊은이는 없다.

채용 전형에서 스펙을 보든 가리든 결국에는 실력 있는 지원자가 합격하기 마련이다. 채용 방식이나 과정에 변화를 준다고 결과가 크게 달라지기 어렵다. 채용방식의 갑작스런 변경으로 각자 입장과 처지가 다를 수밖에 없는 수험생들의 반발이나 혼란만 가중시킬 뿐이다.

취업준비생 중에는 명문대, 인기 학과, 자격증 소유 등 '고(高)스펙자'들만 있는 게 아니다. 그들의 수는 극히 일부이며, 대다수는 그렇지 못한 경우다. 그렇다고 스펙만 보고 이들의 능력을 과소평가해서는 안 된다. 대학에 와서 뒤늦게 자기 계발에 힘써 명문대 출신 못지않은 역량을 가진 '늦깎이' 인재들이 전국의 대학들에 즐비하다. 성실하고 온유한 성격에 조직 적응력도 커 기회만 주어지면 얼마든지 능력 발휘가 가능한 '활력의 다수(vital majoriy)'다.

정부의 일자리 정책은 전체 고용의 88%의 비중을 점하는 성장 유망한 중견·중소기업에서 답을 찾아야 한다. 상당수 기업들은 우수 인재를 구하지 못하는 구인난에 힘들어하고 있다. 이들 기업에서 활력의 다수가 일할 수 있는 양질의 일자리가 많이 만들어지도록 하는데 정책의 주안점이 두어져야 한다. 중소기업 추가채용 장려금, 대학의 일자리 지원센터 확충 등의 기존 제도 외에도 급여, 복리후생, 근무여건 등의 획기적 개선을 위한 지원책이 뒷받침되어야 한다.

현재도 중소기업과 대학생들이 협업을 통해 기업의 인력난과 청년 취업을 동시에 해결해주는 제도가 있기는 하다. 산업통상자원부가 시행하는 '지역특화 청년무역전문가 양성사업(GTEP)'이다. 지방 대학생들을 글로벌시장 진출 확대를 위한 무역전문인력으로 양성시켜 지역 중소기업의 수출에 물꼬를 터주는 마중물 역할을 톡톡히 해내고 있다. 적은 예산으로 큰 효과를 발휘하는 성공적 제도라는 평가다.

공공부문 인적자원 편중은 균형적 경제발전 저해

가정에서도 공부 잘하는 자식만 학교 보내고 다른 형제들의 교육기회가 제한된다면, 가정 전체의 교육수준은 떨어질 수밖에 없다. 같은 이치로, 일류 직장에 한정된 인적자원이 편중된다면 청년 실업 해소는 커녕 균형적 경제발전은 요원한 일이 된다. 일류가 되려면 전체가 일류가 되어야 한다. 부분만으로는 한계가 있다.

스위스나 독일에 일류 대학이 없는 것은 모든 대학들이 일류인 때문이다. 결국, 청년 일자리 문제는 공공부문이나 소수의 대기업만으로 해결될 수 없다. 중견, 중소, 벤처, 스타트업, 대학 등을 아우르는 경제 전체 부문에서의 성과를 통해 얻어질 수 있는 결과물이다.

사소한 일 같지만 용어 선택에도 신중을 기할 필요가 있다. '최고', '일류', '일등' 등의 단어는 세계화 패러다임에 부적합한 용어들이다. 스스로를 일등, 일류로 평하는 것은 우물 안 개구리식이다. 자신이 일등이라 칭해도 남들이 이를 알아주지 않으면 한낱 웃음거리가 되고 만다. 일등주의는 어찌 보면 열등감의 또 다른 얼굴일 수 있다. 일단 겸손한 것이 최선의 방책이다. 경제와 산업 내에서, 특히 청년취업에서 2등도 기억되는 정상적인 시절을 간절히 소망한다.

12 원윈(win-win) 비즈니스 모델은
민과 관의 인프라 공유로 만들어진다

우체국과 주유소의 절묘한 만남

주유소에 불났다. 진짜 불이 아니다. 정유 업계에서 치솟는 거센 자구(自救)의 불길이다. 저유가 추세와 과당 경쟁으로 수익성이 악화하고 친환경 차 확산과 경기침체 등으로 수요가 주는 것을 막기 위한 대응책이다. 주유소 기능 확대를 통해 새로운 활로를 찾으려는 나름의 고육지책으로 보기 안쓰럽다.

휘발유와 경유 등 기존 연료뿐 아니라 전기와 수소 등의 친환경 연료를 한 곳에서 공급하는 복합 에너지 스테이션이 마련된다. 정보통신(IT) 기술을 접목한 미래형 주유소로 선보인다. 사물인터넷 기술 등을 활용키 위해 정보통신사들과 업무협약까지 체결했다. 주유소 지붕과 옥상을 활용하는 태양광발전 사업은 벌써 진행 중이다.

이게 모두가 아니다. 여기서 한 발 더 나갔다. 급기야 우체국과도 손을 잡았다. 주유소와 우체국 양측이 보유한 자산과 마케팅 능력 등을 총동원하는 '인프라 공유 사업'이 추진된다. 전국에 있는 주유소와 3500여 개 우체국의 시설물을 공동으로 활용, 기존 업무의 수행뿐만 아니라 전기·수소차 충전, 택배 거점 등으로 탈바꿈한다. 공간을 효율적으로 활용하고 고객의 접근성과 편의성을 높이려는 의도에서다.

여러모로 칭찬감이다. 단순한 업무협력의 차원을 넘어 다른 경제주

체들과 인프라를 상호 공유하려는 시도만으로도 후한 점수를 받을
만하다. A 플러스 학점이다. 보여주기식 업무협약(MOU)들이 남발되지
만, 실행에 이르는 경우가 드문 현실에서 단연 돋보이는 실천력이다.
더욱이 정부 부처가 민간 기업이 구상하는 프로젝트에 참여한 결단은
더 파격이다. 모름지기 다른 민간 기업과 공공부문에서도 본받아야
할 벤치마킹 소재다.

민과 관의 인프라 공유는 엄청난 벤치마킹 소재

　민과 관이 만나면 무슨 특혜라도 있는 양 의심부터 하고 보는 사
회 분위기에서 내려진 용단이라 더 신선하다. 치열한 경쟁 환경을 살
아가야 하는 민간 부분에서야 당연한 일일 수 있지만, 가만히 있어도
꼬박꼬박 월급 나오는 관료집단이 내린 의사결정으로 믿기지 않는다.
2000년 우정사업본부가 출범될 때 기관 명칭에 '사업'의 단어가 들어
가서일까. 어쨌든 남다른 비즈니스 마인드가 군계일학처럼 돋보인다.

　협업과 융합은 뜻하지 않게 일어나는 우연이 아니다. 치열한 경쟁
환경에서 그리 할 수밖에 없는 필연에 가깝다. 사업도 같이하면 힘이
덜 든다. 백지장도 맞들면 낫고, 혼자서 하는 것보다 여럿이 같이하
면 어려움을 이겨내고 경쟁력을 키우는 데 효과적이다. 서로 힘을 모
으면 판이 커지고, 판이 커질수록 규모의 경제와 범위의 경제가 동시
에 작동, 비용은 줄고 효율은 높아진다.

　여러모로 도움이 되는 공유 사업을 안 할 이유가 없다. 더구나 지
금은 안 해서도 안 되는 시대다. 공유의 당사자는 물론 사회 전체에게

유익을 끼치는 윈윈(win-win)의 비즈니스 모델이다. 물건을 소유해서 사용하지 않는 기간 동안 비용과 감가상각을 감당하는 것보다 필요할 때만 빌려 쓰는 게 경제적이다. 또 사용하지 않는 물건을 대여해서 새로운 수익을 얻을 수 있는 일거양득의 합리성까지 더한다.

불필요한 자원의 낭비를 막아 소비자의 욕구를 만족시키는 최적의 방법론이다. 다만, 유독 공유에 서툴고 인색한 우리의 문화의식이 걸림돌이다. 우버, 리프트 등과 같은 글로벌 차량공유 서비스가 발붙이지 못하는 나라가 바로 우리 대한민국이다.

공공부문의 인프라 공유가 절실하다

민간 부문도 그렇지만 정작 인프라 공유가 절실한 곳은 공공부문이다. 정부나 공공기관이 가진 기반시설을 민간이나 여타 공공기관과 공유하는 데 앞장설 필요가 있다. 중앙행정기관, 지방자치단체, 공공기관들은 수많은 기반 설비를 보유하고 있다. 건물, 설비, 장비, 부지 등 품목과 분야가 실로 다종다양하다 보니 나눌 수 있는 여지가 그만큼 크다. 기대되는 시너지 효과 또한 실로 거대하다.

공공 인프라의 공유는 그동안 시도는커녕 구상조차 못 해 왔다. 나눠 쓰면 되레 큰일 나는 줄 아는 게 공직사회 일반의 분위기다. 관리하는 조직이 줄어들고 자리가 없어질까 걱정부터 한다. 그런 일은 경쟁 환경을 살아가는 민간 기업에서나 하는 것으로 대수롭지 않게 여긴다. 무게 있게 처신해야 할 정부 기관에서는 할 수도 없고 해서도 안 되는 금기사항쯤으로 간주한다. 상당수 공직자의 사고가 이 정도로 닫혀 있다.

국유재산에 대한 관리체계도 '관리'에 방점이 찍혀 있다. '활용'의 대상으로는 생각조차 못 하고 있다. 국유재산법상으로 재산관리는 기획재정부가 총괄하고 실제 운영은 조달청이 관장하게 되어 있다. 실제 관리는 해당 관서, 지자체, 한국자산관리공사가 맡아 처리한다. 모두가 '따로국밥' 꼴이다. 국유재산 취득을 위해 정부가 예산을 편성하고 국회에서 심의하는 과정에서도 해당 기관 차원에서의 취득 필요성 검토에 그친다. 범정부적 관점에서 국가 재산의 효율적 활용을 점검하는 일은 어디에서도 못하고 있다.

유휴 국유재산이 도처에 널려 있다. 필요치 않거나 남는 것은 처분하거나 필요한 곳으로 보내야 한다. 사용 중인 재산도 여유가 생기면 여러 기관이 나눠 쓰는 게 경제적이고 효율적이다. 한낱 주유소도 하는 이런 사업을 소중한 국가재산을 관리하는 정부가 못한대서야 말이 안 된다. 얼마든지 할 수 있고, 하고자 하는 의지가 관건이다. 모든 게 마음먹기에 달렸다.

Part 04

금융: 도우미가 제 역할을 해야 성장한다

01 샤일록도 울고 갈
이자 조작이 판친다

"은행이 도둑일 줄이야"

금융소비자가 뿔났다. 은행들이 대출 금리를 상습적으로 부당 징수해온 사례들이 밝혀지면서부터다. 대출받아 꼬박꼬박 이자를 물어온 사람들이 느끼는 허탈감이 크다. 부아가 끓어올라 밤잠까지 설친다. 믿는 도끼에 발등 찍힌다고, 신뢰가 생명이어야 할 은행들의 행동이라고는 믿지 않는다. 고의가 아니라 실수이며 더 받은 이자는 돌려주겠다는 얘기에 참았던 분노마저 폭발한다. 아직까지 누구도 책임지는 사람이 없다.

갈수록 여론이 들끓고 특검과 청문회를 요청하는 국민청원이 청와대 게시판을 도배할 정도다. 시민단체들의 분기(憤氣)도 하늘을 찌른다. 일상적으로 금리를 조작해 소비자를 속인 행위는 실수나 과실이 아닌 명백한 '고의'로 단정한다. 제2금융권까지 전수 조사를 통해 가담한 금융회사와 직원을 찾아내 일벌백계하라는 촉구다. 금융당국의 조사와 조치 결과가 미흡할 경우 시민 행동에 돌입하겠다는 으름장이다.

금융감독원의 행동도 미심쩍다. 결과를 발표하면서 해당 은행들의 이름과 규모도 밝히지 않았다. '일부' 은행에서 '광범위한' 위반 사례를 적발되었다는 식으로 뭉뚱그렸다. 은행들의 반발 때문이라는 말도 안 되는 이유다. 서슬 퍼런 감독기관이 언제부터 힘없는 은행들 눈치를 살폈단 말인가. 고의나 조작 여부에 대한 뚜렷한 단서도 없이 발표

164

를 서두른 느낌이다. 금리 상승기에 은행들이 대출 금리를 함부로 올리지 못하도록 급하게 경고하려다 설익은 결과를 내놓은 건 아니었는지. 의구심이 커진다.

고의성 여부에 대한 논란은 차치하고 은행들이 보인 횡포는 이미 관용의 수준을 넘어섰다. 소행이 괘씸하고 추잡스럽다. 금감원이 밝혀낸 사례들을 들여다보면 기가 막힐 정도다. 차주의 신용도가 상승하여 금리 인하를 요구해 오면, 은행에서 기존에 적용해주던 우대 금리를 특별한 이유도 없이 축소해 금리가 떨어지지 않도록 했다. 혹 떼러 온 사람에게 혹을 덧붙여 준 격이다.

고객 돈 훔치고 빼앗은 은행들, 기상천외의 꼼수가 난무하다

소득이 있어도 없거나 작은 것으로 줄여 입력함으로써 부당하게 높은 이자를 챙긴 사례도 다수였다. 금리산정 전산시스템에서 산출된 금리를 제쳐두고 가장 높은 최고금리(13%)를 적용, 차주에게 턱없이 높은 이자를 매긴 경우도 많았다. 고객이 담보를 제공하였음에도 제공하지 않은 것으로 입력, 가산금리를 높인 경우도 흔했다. 가산 금리를 두 번씩 중복 계산한 경우도 적지 않았다. 겁도 없이 고객의 돈을 훔치고 빼앗은 셈이다.

금융전문가가 아니면 이해하기 힘든 비위도 발견되었다. 은행들이 경기상황을 고려하여 주기적으로 신용 프리미엄을 재산정해야 함에도, 같은 고정값을 적용하거나 경기불황기를 반영하여 산정하는 등으로 소비자에게 부당하게 높은 금리를 부과해 왔다. 샤일록이 이 시대에 다시 태어나도 엄두도 못 낼 기상천외한 꼼수와 속임수가 망라되었다.

경위야 어쨌든 당장 시급한 건 대책 마련이다. 소 잃고 외양간 고치는 식일지 모르지만, 그냥 넘어갈 사안이 못 된다. 앞으로 더 소를 잃지 않기 위해서라도 이번 기회에 반드시 고치고 넘어가야 한다. 그러기에는 금감원이 내놓은 방안이 알맹이가 없어 보인다. 재발 방지책으로서는 실효성이 떨어지는 내용이 대부분이다.

대출금리 산정체계와 운용이 불합리한 은행에 대해서는 업무개선을 지도하고 대출금리가 투명하고 합리적으로 산정되도록 모범 규준과 공시 제도를 개선하겠다는 금감원의 발표다. 선언적 수준에 불과하다. 금융회사의 불공정 영업행위로 인한 금융소비자 피해가 생기지 않도록 감독을 강화해 나갈 것이라는 약속도 늘 해오던 얘기다. 은행연합회의 대출금리 비교공시를 강화하겠다는 내용 또한 재탕 수준이다.

금감원은 은행범죄의 '방조자'인가?

그나마 주목되는 부분은 소비자가 은행의 금리산정 내역을 보다 정확히 알 수 있도록 '대출금리 산정내역서'를 제공하겠다는 내용이다. 종전에는 대출약정 시 은행이 기준금리와 가산금리 합계만을 소비자에게 알려줬으나, 앞으로는 기준금리, 가산금리 합계와 함께 부수거래 우대 금리를 항목별로 명시한 대출금리 산정내역을 소비자에게 제공하겠다는 것이다. 투명성을 강화하겠다는 의도는 이해되나 이 정도로는 효과를 기대하기 어렵다.

여기서 한 걸음 더 나가야 한다. 소비자가 금리정보를 인터넷 상에서 직접 조회할 수 있는 단계로까지 진화해야 한다. 인터넷이나 스마트폰 등을 통해 상세한 금리산정 내역을 수시로 확인할 수 있는 조회 시스템 구축이 바람직하다. 조회 시기도 대출약정 시 뿐만 아니라 대출실행 이후에도 가능해야 한다. 대출이 실행되고 나서도 은행이 소비자 몰래 금리를 슬금슬금 올린 전력이 많았기 때문이다.

내친 김에 금리산정 시 참작되는 소득, 담보상황, 신용등급 등을 소비자가 직접 입력하면서 금리변동 내역을 체크하는 시뮬레이션까지 가능하다면 금상첨화일 것이다. 은행들로서는 현행법상 가산금리 산정 내역은 영업기밀이기 때문에 공개할 수도 없다는 난색을 표할 가능성이 크다. 경영 간섭임을 내세워 거부 의사를 표시할 수도 있다. 이치에 안 맞는 궤변들이다. 가격결정 내역을 소비자에게 알리는 행위는 영업기밀 노출도 경영 간섭도 아니기 때문이다.

도리어 공급자가 소비자에게 지켜야 할 책무 중의 하나다. 대출도 엄연히 사인(私人)간 계약인지라 금리결정은 당사자 간 합의에 의해 이루어지는 게 맞다. 불특정 다수를 상대하는 금융의 특성 상 공급자에 의해 가격이 결정되는 점을 감안하더라도 결정된 금리 정보는 소비자에게 정당한 절차를 통해 통보되는 게 당연하다. 오히려 은행에서 이런 서비스를 선제적으로 시행, 경쟁력 우위 확보를 위한 차별화된 경영전략으로 삼아야 할 것이다. 최소한 '도둑 누명'을 벗기 위해서라도 필요한 조치다.

02 금융소비자 보호, 애플 '배터리 게이트'서 배우다

고객보호, 법률 제정-전담기구 설립 시급

소비자를 모르는 기업이 많다. 몰라도 너무 모른다. 기업이 제공하는 재화나 서비스를 구입하는 사람 정도로 이해한다. 상품에 대한 판단능력이 부족하고 기술적 조작에서 열위에 있다고 여긴다. 광고나 홍보 활동으로 얼마든지 영향력을 행사할 수 있는 존재로 가볍게 대한다.

소비자만큼 중요한 집단도 없다. 성별, 연령, 주거지역, 교육수준, 문화 차이가 다양한 사람들이 자신의 욕구 충족을 위해 수많은 상품과 서비스를 소비한다. 소비 성향은 각자의 소득액, 환경요인, 개인 기호 등의 요인에 따라 좌우된다. 소비자의 자유로운 선택은 시장경제체제 속에서 생산을 결정한다. 또 기업으로 하여금 원하는 재화나 서비스를 경쟁력 있는 조건으로 제공하도록 유도하는 기능을 발휘한다. 산업생태계의 주도세력은 정부도 기업도 아니다. 실세는 엄연히 소비자다.

소비자 방심이 불러오는 후유증은 생각보다 심각하다. 이런 실수는 규모가 작은 기업보다는 대기업이나 심지어 다국적 기업에서 더 자주 발생한다. 얼마 전 큰 물의를 빚었던 애플의 '배터리 게이트'가 그 단적인 사례다. 사소한 소비자 홀대가 빚은 결과치고는 실로 뼈아프다. 아이폰 배터리의 노후화를 막으려고 기기 처리 속도를 늦춘 게 패착이 될 줄 누가 알았겠는가. 주가 폭락에 이어 글로벌 집단소송이 일파만파로 번지고 말았다.

산업생태계의 실세는 소비자

소비자 문제는 애플만의 문제일 수 없다. 한국 기업에서도 언제든지 생길 수 있는 사안이다. 너그럽고 유순한 국내 소비자들 덕분에 표면화되지 않고 있을 따름이다. 사려 깊은 기업이라면 애플의 사례를 타산지석으로 삼을 만하다. 소비자를 얼마나 이해하고 그들의 니즈를 제대로 충족시켰는지를 성찰하는 계기가 되어야 한다. 강 건너 불 보듯, 남의 일로만 여겼다가는 큰코 다치기 십상이다.

특히 우리나라 금융회사의 큰 각성이 절실하다. 애플의 소비자가 받은 푸대접 정도는 국내 금융소비자 입장에서는 과분한 사치일지 모른다. 한국 금융의 현실은 소비자의 개념조차 낯설고, 소비자주권은 요원한 꿈에 불과한 처지에 있다. '소비자 홀대'를 넘어 '소비자 천대'의 수준이라는 게 정확한 표현이다.

구태여 이론적 근거를 들추지 않더라도, 금융소비자 보호의 당위성은 아무리 강조해도 지나치지 않다. 금융소비자는 금융회사의 거래상대방으로서 금융상품의 수요자이지만, 금융회사에 비해 정보력과 교섭력이 열위에 있어 사회적 보호가 필요하다. 글로벌 금융위기 이후 세계적으로 금융소비자 보호에 대한 인식이 커지는 가운데, G20 금융소비자 보호 상위 원칙에서도 나라별 특수성을 감안한 효율적이고 적합한 제도적 틀을 마련할 것을 권고한다.

금융회사의 영업행위에 대한 감독이나 금융소비자의 역량 강화를 통해 소비자에게 불이익이 돌아가지 않도록 사전에 방지해야 한다. 금융상품 약관, 영업행위준칙, 소비자에 대한 정보제공과 함께 적절한 금융교육도 실시되어야 한다. 사후적으로는 금융소비자의 피해를 구제하거나 분쟁을 조정하는 금융상담과 민원처리, 분쟁조정 등 또한 원활히 이루어져야 한다.

금융소비자는 사회적 보호 대상

한국 금융은 고질적 후진성을 면치 못하고 있다. 현실은 이론과는 천양지차다. 규모 대형화와 정보 독점화를 앞세운 금융회사가 경제적 약자인 금융소비자에게 가하는 불공정행위가 도를 넘고 있다. 횡포에 가깝다. 금융회사가 자신에 유리한 약관을 만들고, 일방적으로 책정한 금리로, 충분한 정보도 제공하지 않은 상태에서 계약이 실행된다. 소비자에게는 상품선택권도 가격협상권도 이의제기권도 주어지지 않는 사실상 불평등 거래다.

이게 끝이 아니다. 만기에 대출을 상환하지 못하는 걸 뻔히 알면서 1년 만기 단기대출만을 고수한다. 만기에 가서 상환이 곤란해진 소비자를 상대로 기다렸다는 듯 금리를 마구 올린다. 이때 적금 연금 보험 등 돈 되는 상품까지 반강제적으로 끼워 판다. 소비자는 대출을 연장해야 하니 일언반구 토를 달지 못한다.

어쩌다 이자라도 연체되는 날이면 '기한의 이익 상실' 조항을 걸어, 대출금 전액에 대해 고율의 지연배상금을 물리곤 한다. 금융기관 공동으로 연체정보를 공유하여 다른 금융회사에서 대출받을 수 있는 길까지 원천 봉쇄하고 나선다. 지독하고 끈질긴 '폭력적 갑질'이다.

일반 상거래에서는 상상조차 힘든 일들이 금융계에서 아무 일도 아니라는듯 버젓이 반복된다. 안타까운 점은 이 같은 대우가 부당하다는 사실도 모르는 소비자가 다수라는 점이다. 워낙 오랜 기간 눌려 지내오다 보니 그 정도면 합당한 대우인 줄 착각한다. 금융소비자 보호 시스템이 제대로 작동되지 못하고 있다는 서글픈 반증이다.

정부 책임 또한 작지 않다. 금융소비자 권익 보호를 위한 국가의 후견적 노력이 절대적으로 부족하다. 여태껏 금융소비자 보호 관련 법률 하나 만들지 못하고 있다. 정부 입법안으로 '금융소비자 보호 기본법안'이 겨우 발의되었지만 아직까지 국회에 계류 중이다. 금융소비자 보호를 담당하는 전담기관 설립도 미적대긴 마찬가지다. 대선 공약이었는데도 뚜렷한 이유 없이 차일피일 미뤄지고 있다. 어쩌면 생각도 의지도 없어 보인다.

'금융소비자를 뭐로 아는지', '금융소비자 보호는 언제까지 구호에만 그칠 것인지', 도무지 알 길이 없다. 가만히 있다고 '가마니때기'가 아니고, 바라만 본다고 '바보'가 아니다. 점잖은 사람이 성나면 더 무섭다. 소비자는 화가 난다.

03 연금저축, 약(藥) 주고 병(病) 주는 시대는 끝나야 한다

상품 수익성과 안전성 확보가 최선

연말이 다가오면 근로소득자들은 연말정산에 온통 관심이 쏠린다. 다만 얼마라도 세금을 돌려받거나 조금이라도 덜 내기 위해 신경을 곤두세운다. 이때 빠지지 않고 추천되는 금융상품이 연금저축이다. 연금 기능에다 소득공제 혜택도 있어 대표적인 노후대비 절세상품으로 꼽힌다. 은행과 증권사, 보험사 등에서 판매되며 최소 5년 이상 납입하고 만55세 이후부터 연금을 받게 된다.

연간 납입금액 400만 원을 한도로 지방소득세 포함 13.2% 내지는 16.5%의 세액공제를 받을 수 있다. 종합소득금액 1억 원 초과 또는 근로소득 1억 2000만 원 초과인 자는 납입금액 300만 원 한도에서 세액공제를 받는다. 퇴직연금 계좌를 합산할 경우에는 소득과 관계없이 700만 원까지 공제해준다. 가령 연간 납입액 한도 400만 원을 낼 경우 60만 원까지, 지방세 10%까지 합하면 최대 66만 원까지 세액을 공제받을 수 있다.

연금저축이 갖는 다양한 강점을 내 세운 금융회사의 맹렬한 판촉활동 등에 힘입어 연금저축 계좌는 2017년 말 기준 672만 8천 명에 달한다. 전체 근로소득자의 32.1%가 연금저축에 가입하고 있는 셈이다. 연금저축 적립금도 121조 원을 기록했다. 금융공급자나 금융소비자 모두에게 득이 되는 '누이 좋고 매부 좋은' 인기 상품이다. 여기까지는 아무 하자가 없다.

만기에 가서 연금 받을 때 상황은 급반전된다. 느닷없이 연금수령액에 소득세가 부과되는 일이 벌어진다. 연령별로 차등 부과되어, 지방세를 포함하여 만55세 이상은 5.5%, 만70세 이상은 4.4%, 만80세 이상은 3.3%의 세율이다. 물론 관련 세법에 따라 납세의무를 부담하는 것은 지극히 당연한 일이다.

하지만 절세 상품으로만 알았던 연금저축이 만기 수령 시 세금이 무겁게 매겨지는 것을 누가 생각하겠는가. 당사자가 느끼는 황당함은 말로 형언하기 어렵다. 이럴 줄 알았더라면 아마도 상당수는 상품에 가입조차 안 했을 것이다. 일단 팔고 보자는 금융회사의 꼼수가 못내 괘씸하다.

상품 가입 시 과세 사실 고지해야

더구나 세율은 연금수령 총액, 즉 원금과 운용수익을 합한 전체 금액을 기준으로 산출된다. 이자소득세처럼 이자에만 붙는 게 아니라 가입자가 낸 돈에도 다시 세금이 붙는 구조다. 연금소득세율 5.5%를 이자소득세율 15.4%와 단순 비교할 수 없는 이유다. 더구나 요즘처럼 저금리 시대에는 운용수익이 높지 않아 정부에 내는 세금, 방카슈랑스 판매 은행이나 보험설계사가 가져가는 수수료, 보험사의 몫인 사업비를 빼고 나면 실제 연금수령액이 납입한 보험료보다 적은 경우도 생길 수 있다.

즉 손해가 발생하지 않으리란 보장이 없다. 가입 당시에는 상당한 이득을 보는 것처럼 보여도 나중에 가면 밑질 수도 있다는 얘기다. 게다가 연금소득이 1200만 원을 초과할 경우 세율이 무려 6~38%나 되는 종합소득세 대상이 되어 세금을 추가적으로 부담해야 한다. 이쯤 되면 세금을 아끼는 '절세(節稅)'가 아니라, 도둑맞는 '절세(竊稅)' 상품이 아닌가.

그렇다고 금융회사가 연금저축을 판매하는 과정에서 지켜야 할 중요 사항들을 누락했거나 허위·과장 등으로 오인에 이르게 하는 불완전판매로 단정 짓기도 어렵다. 금융회사의 이익을 위해 무리하게 상품 구매를 권유하거나 상품에 대한 핵심적인 내용, 즉 고객이 부담하게 되는 비용과 위험요인과 같은 필수 사항에 대한 충분한 설명을 하지 않았다고 보기도 힘들다.

판매하는 입장에서는 상품 정보만 설명하면 그만이지 구태여 조세 정보까지 알려 공연히 긁어 부스럼 만들 이유가 없을 터. 결과적으로 정부, 은행, 보험사, 판매직원 어느 누구도 책임지지 않는 '공동책임 무책임'이 된다.

젊은 시절 과세가 노후 납부로

현실적으로 금융회사가 권리 위에 잠자는 고객들까지 깨워 관련 사항을 일일이 설명해 줄 수도 없는 노릇이다. 연금소득세의 납세 주체가 금융역량이 취약한 노년층으로 금융소비자 보호 차원에서의 문제를 금융회사 책임으로 돌리기도 어렵다. 정보와 교섭력의 열위로 인해 금융소비자가 겪는 피해를 불공정거래로 몰아 금융회사를 다그치기란 더더욱 힘들다.

연금수령 노인층의 대다수는 고율의 세금 부과나 상당 금액의 수수료 등이 공제되는 사실조차 모르고 있다. 연금저축에 가입 중인 젊은 세대나 심지어 이를 판매하는 금융회사 직원들마저 이런 사실을 제대로 이해하는 사람이 거의 없는 현실이다.

조세부담 능력의 측면에서도 논란의 소지가 있다. 세금은 소득활동이 왕성할 때 더 내고 소득수준이 열악할 때 덜 내는 게 조세 정의나 납세 형평에 부합된다. 더구나 연금저축은 노후 보장을 위해 설계된 저축상품인데도 실제 운영은 거꾸로다. 젊은 시절의 과세가 노후 납부로 미뤄짐에 따라 노년층 재산가치 감소를 부채질하는 격이다. 차라리 연금보험처럼 가입할 때 세제 혜택이 없더라도 연금수령 시 이자소득에 대해 비과세되는 방식이 더 나을 수 있다.

연금저축 설계 시 가장 중요한 사항은 예상 수익, 세율, 수수료, 사업비 등 제반 수익 및 비용 요인들을 종합적으로 고려해 상품의 수익성과 안전성을 확보하는 일이다. 시나리오별로 다양한 시뮬레이션을 통해 예상되는 문제점들을 찾아내 사전에 제거해야 한다. '약(藥) 주고 병(病) 주는' 식의 상품으로 금융소비자를 울리는 일은 더 이상 없어야 한다. 때는 바야흐로 금융소비자의 시대 아닌가.

04 금융소외자로 내 몰리는 금융소비자를 살리자

'관치금융' 위에 '눈치금융' 심화

외국인이 한국에 와보고 놀라는 것 중 하나가 쓰레기 분리수거 제도이다. 소각이나 재활용을 쉽게 하기 위해 재질별로 폐기물을 분류하고 그것을 수집하는 시스템을 자못 부러워한다. 분리수거는 1980년대 초반 부분적으로 도입되어 1991년부터 의무화되었다. 1995년 쓰레기 종량제가 전국적으로 실시되고 분리배출 제도가 본격 시행되면서 일상의 생활문화로 자리 잡았다. 재활용률이 59%로 세계 2위를 자랑할 정도다.

미국만 하더라도 2016년에서야 뉴욕시에서 음식물 쓰레기 분리수거를 시작했을 정도로 출발이 늦다. 중국도 오는 2020년까지 베이징, 상하이, 텐진, 충칭 등을 포함한 46개 주요 도시에서 쓰레기 분리수거를 실시하겠다는 방침 정도만 밝힌 상태다. 한국은 명실공히 쓰레기 분리수거 선진국이다.

그렇다고 대놓고 자랑할 일도 못 된다. 새것이나 다름없는 물품들이 마구 버려지는 분리수거 현장을 목도한 외국인들은 크게 실망하는 눈치다. 흠 없는 멀쩡한 물건들을 내다버리는 한국인의 소비행태를 이해하기 힘들다는 표정이다. 약삭빠른 외국 상인들이 이런 틈새를 놓칠 리 없다. 버려진 전자제품, 의류, 자동차 및 부품들을 자국으로 수입해 큰돈을 버는 비즈니스 모델이 아프리카나 아시아 국가들에서 이미 성업 중이다.

버리기 좋아하는 습성은 경제성장으로 삶이 풍요해진 데도 원인이 있겠지만 비좁은 공간에 거주하는 한국의 주거문화와도 무관치 않아 보인다. 굳이 백의민족의 정서까지 들먹이지 않아도 한국인 특유의 깔끔한 성정(性情)과도 관련되는 측면이 크다는 해석까지 등장한다. 설사 그렇다 해도 한참 더 쓸 수 있는 물품을 폐기하는 행태는 개인적 손실을 넘어 사회적 낭비임에 틀림없다.

은행 상품 정권교체 때 잦은 변경

재활용이나 중고거래가 가능한 생활용품의 폐기는 그나마 다행이다. 그게 안 되는 정책이나 제도의 폐지는 그로 인한 피해나 손실이 심대할 수밖에 없다. 은행 대출상품의 경우만 하더라고 정권이 교체되는 시기에 변경되는 일이 잦은 편이다. 정책에 순응해야 하는 금융공기업들이야 그렇다손 치더라도 민간이 주주로 있는 일반 은행들마저 기존의 대출상품을 소리 없이 없애거나 슬그머니 규모를 줄이곤 한다.

기술금융, 일명 TCB 대출이 대표적 사례로 꼽힐 수 있다. 지난 정부에서 추진되던 '창조금융'이 새 정부 출범 이후 '생산적 금융'으로 간판을 바꿔 달면서 기술집약·혁신형 중소기업에 지원되는 기술금융이 위축되는 조짐이다. 2014년 7월 도입된 이 제도는 기술혁신 과정에서 필요한 자금을 기술평가에 기반을 두어 취급되는 선진형 금융접근이다. 기술력을 T1에서 T10까지 10단계로 평가하고 T6 이상의 평가를 받은 기업에 은행이 신용으로 대출하는 구조다.

상품이 출시되고 나서 금융 당국이 직접 반기별로 '은행권 기술금융 실적평가'를 실시하고, 전국은행연합회가 '기술금융 종합상황판'까지 만들어가며 실적 독려에 나섰다. 이에 힘입어 기술금융 잔액이 한 때는 120조 원을 넘어설 정도로 빠르게 성장했다. 금융위원회로부터 최우수 금융상품으로 선정되는 호사까지 누렸다.

성과도 괜찮았다. 기술금융을 받은 기업들이 대출 후 2년 만에 22.6%의 성장세를 보였다. 지원받지 않은 혁신기업들의 성장률 13.9%에 비해 월등한 수치였다. 매출액이 69.1% 증가했고 고용도 70.7%나 늘었다. 중소기업들이 기술력에 대한 투자를 늘리면서 매출액이 큰 폭으로 신장했고 그로 인해 상당수의 일자리가 만들어졌다. 기대 이상의 결과였다.

'창조경제의 기술금융'이 '생산적 금융'으로

그토록 기술금융에 열을 올렸던 은행들의 태도가 새 정부 들어 시들해지는 분위기다. 이에 따라 당장 신규공급을 크게 축소하는 은행이 늘고 있다. 이전 정부에서 감히 입에 담지 못했던 불평불만까지 거침없이 쏟아낸다. "은행 손익에 별 도움이 안 된다"면서 "기술평가 수수료를 은행이 부담함으로써 역마진마저 우려된다"는 볼멘소리다. "기술평가서를 발급받는 데 2~3주나 걸려 신속한 지원이 어렵다"며 고객을 걱정하는 양 마음에 없는 너스레까지 뜬다. 지난 정부가 만든 기술금융을 이제 와서 지속할 이유도 의사도 없다는 노골적 제스처다.

정권이 바뀔 때마다 금융정책이 돌변하는 것도 문제지만, 이를 빌미

삼아 돈이 안 되는 금융상품을 정리하려는 은행들의 몰염치 또한 지탄받아 마땅하다. 정부 앞에서는 '설설 기면서' 못 가지고 힘없는 중소기업들에게 '목에 잔뜩 힘주는' 오만함의 표출이다. 이래서는 '관치금융'으로부터 해방은커녕 '눈치금융'만 심화하는 상황을 자초하는 꼴이다.

결국 피해는 금융소비자의 몫이다. 기대를 잔뜩 걸고 은행을 찾은 기업들은 망연자실한 얼굴로 발길을 돌려야 한다. 만기가 되면 이미 지원받은 대출의 전부 또는 일부를 상환하라는 재촉에 시달릴 각오까지 해야 하는 마당이다. 예고 없는 대출중단으로 졸지에 애먼 중소기업들만 피해자로 전락한다. 은행들의 자기편의주의적 업무행태와 시혜자로서의 뻣뻣한 태도가 야기하는 '갑을횡포'의 전형이다.

금융의 본질은 기업이나 가계를 도와 경제활동을 활성화시켜 부가가치를 만들고 이를 통해 스스로 성장하는 데 있다. 은행 입장에서는 금융의 공적 역할도 중요하지만, 정권 바뀔 때마다 단기성과 내기에 급급한 금융 관행을 서둘러 근절해야 마땅하다. 이것이야말로 분리수거에 내놓아야 할 폐기물에 해당된다. 은행의 자의적 판단으로 돌연 금융소비자가 금융소외자로 내몰리는 일은 없어야 하지 않겠는가.

05 상환능력 평가, '바른 금융'의 첫 걸음이다

'바른 금융'이 '좋은 금융'

정부의 일자리위원회가 공공일자리 창출 등 10대 중점과제 등 100개 세부추진 과제를 공개했다. 정부가 제시한 일자리 로드맵에서 가장 주목되는 부분은 사회적 경제의 활성화다. 사회적 경제는 구성원이 직접 참여해 사회적 가치를 창출하는 민간의 경제적 활동이다. 이익을 추구하면서 일자리 창출, 지역사회 공헌 등 사회적 목적을 달성하는 데 초점을 맞춘다. 양극화를 줄이고 일자리를 만드는 것을 비롯한 사회 공동의 이익을 위해 경제 단위들이 협력과 연대를 바탕으로 수행하는 경제 활동을 뜻한다.

정부의 사회적 경제의 활성화 방안에는 성장인프라 구축을 위한 금융접근성 제고에 방점이 찍혀 있다. 신용보증기금에 사회적 경제 지원계정을 신설해 향후 5년 안에 최대 5천억 원까지 보증공급이 가능하도록 지원하는 내용이다. 보증지원 한도를 1억 원에서 3억 원으로 늘리고 보증대상도 협동조합과 사회적 기업에서 마을기업과 자활기업으로 확대하고 있다. 정책자금 내 사회적 경제기업 총액대출 목표제를 신설해 2018년 4백억 원까지 증액하고 모태펀드 등 전용 투자펀드를 늘리는 플랜이다.

정부 출범 이후 공공부문 일자리 확대에 초점을 맞춰온 것과 달리 민간의 일자리 창출 역량을 키우는 쪽에도 무게가 실려 있다. 유럽 등 선진국에서 사회적 경제기업이 저성장·저고용 시대에 양질의 일자리를 창출하는 새로운 해법으로 부상하고 있음을 주목한 결과로 보인다. 사회적 경제를 육성해 양질의 일자리를 늘리는 한편 취약계층을 위한 사회안전망을 강화해 고용 불안과 양극화 심화라는 두 마리 토끼를 잡겠다는 정부의 의욕적인 포석이 깔려있다.

일각에서는 민간부문 자생 형태의 사회적 기업과 협동조합 등에 나랏돈을 지원해주는 게 맞느냐는 주장도 제기된다. 이를 두고 한가롭게 왈가왈부할 입장이 못 된다. 어느 분야에서든 보다 많은 양질의 일자리를 만들어내야 한다. 이를 위해서라면 동원 가능한 정책수단을 총동원하는 게 정부의 입장이자 역할이다. 당면한 일자리 문제가 그만큼 심각하다.

사회적 경제의 활성화로 일자리 창출을

아무리 급해도 금융지원 과정에서 지켜야 하는 철칙이 하나 있다. 대출상환능력평가이다. 상환능력평가란 차주가 대출을 갚을 수 있는 능력이 어느 정도인지를 가늠하는 필수절차이다. 차주의 과거, 현재, 미래의 산업위험, 경영위험, 영업위험, 재무안정성, 현금흐름 등의 요인을 종합적으로 평가하는 업무다.

사회적 기업은 영업력이나 수익성이 취약하여 자생능력이 상대적으로 낮은 편이다. 1천653개 사회적 기업 중에서 영업이익을 기록한 곳은 823개로 전체의 50.1%에 불과하다. 한해 전 24.4%에 비해서는 엄청 개선된 수치다. 2개 기업 중에서 1개 기업만 흑자인 상태다. 그나마 정부보조금을 받아서 나온 결과다. 정부보조를 반영하지 않고도 영업이익이 발생한 기업은 505곳(30.8%)뿐이다.

마을기업의 사정은 더 심각하다. 지정된 기준 전국 마을기업 1800여 개 중 폐업한 곳은 300여 개로 집계된다. 살아있는 기업도 절반이상이 심각한 경영난에 허덕이고 있다. 상당수 기업들이 자생력을 갖추지 못해 정부 보조금 등이 끊기면 문을 닫을 수밖에 없는 위기에 몰려 있다.

사회적 경제 기업의 사업부진은 부실한 지원체계에 기인하는 바가 작지 않다. 정책금융에 대한 상환능력평가 소홀도 그중 한 요인이 될 수 있다. 대출 기간 중 일정기간마다 상환자원과 상환액을 파악하여 상환자금의 과부족을 구체적으로 체크하는 절차가 미흡한 현실을 부인하기 어렵다. 그도 그럴 것이 보증부대출의 경우 대출 은행의 입장에서는 신용보증서를 담보로 잡기 때문에 상환능력을 검토할 필요를 느끼지 못한다.

신용보증기관 또한 지원대상 확대, 신속한 지원을 위한 간편한 심사 절차에 따라 상환능력에 대한 심도 있는 검토를 못하는 실정이다. 결국 어느 기관에서도 상환능력평가가 제대로 이루어지지 못한 채 금융이 지원되고 있다. 공동책임이 무책임이 되는 꼴이다. 지금의 지원체계가 그대로 방치될 경우 부실 위험은 앞으로 더 증폭될 수밖에 없다.

정책금융 지원 시 상환능력평가 소홀

신용보증기관에서 연대보증제도마저 2017년 8월부터 창업 7년 이하 기업까지 폐지됐다. 2018년 중에 전면 폐지될 예정이다. 그러다 보니 대출이 부실화될 경우 이를 상환할 수 있는 주체가 사라졌다. 고스란히 보증기관의 부담, 즉 국민 혈세의 낭비로 이어질 수밖에 없는 구조다. 더욱 심각한 문제는 정부의 전폭적인 지원과 쉬운 금융지원 체계가 자칫 기업의 도덕적 해이를 부추길 수 있는 점이다. 옥석을 가리지 못하는 정책금융은 정부 의존적인 사회적 기업을 양산하고, 급기야 기업들에게 '무상 복지'라는 그릇된 인식을 심어줄 소지 또한 다분하다.

정책금융은 국가 정책상 특정 부문을 집중적으로 육성하기 위해 상대적으로 유리한 조건으로 자금을 배분해 주는 수단이다. 대가 없이 거저 주는 '눈먼 돈'이 될 수 없다. 만기에 꼬박꼬박 원리금을 갚아야 하는 의무사항이 부가된 '무서운 돈'이다. 노령, 질병, 실업, 재해 등 사회적 위험에 처할 경우에 주어지는 공적 제도에 의한 사회적 급여나 재정적 지원과 같은 사회복지지출과는 성격이 판이하다.

사회적 기업이 일자리 창출 기반으로서 소기의 역할을 감당하려면 성공적인 사업수행으로 금융을 정상적으로 상환해야 한다. 상환된 자금은 다시 새로운 기업에게 지원되는 선순환으로 이어져야 한다. 정책금융이 다수를 위한 공공재로서 소수를 위한 사유재가 될 수 없고 되어서도 안 되는 분명한 사유다. '쉬운 금융'보다는 '바른 금융'이 좋은 금융이다. 그래야 일자리가 생기고 기업이 자라고 나라 경제가 살아난다.

06 은행 대출 기간, 왜 꼭 1년인가

운전자금 대출, 3~5년짜리 중장기로

최근 들어 어느 때보다도 금리에 대한 관심이 뜨겁다. 2017년 11월 금리인상 이후 1.5%로 동결을 이어가고 있다. 반면 미국은 연방공개시장위원회(FOMC)에서 정책금리를 올릴 것으로 전망된다. 이 경우 한미 금리역전 폭은 0.25%포인트에서 0.5%로 확대된다. 만약 한은의 금리는 그대로인 채 미국이 2018년 중 연 4회까지 금리를 인상한다면 정책금리 역전 폭은 최대 1%까지 벌어질 수 있다.

1400조 원을 넘은 가계부채와 천정부지로 치솟는 집값을 잡기 위해 정부가 금리인상 카드를 앞당겨 빼드는 건 아닐까? 가파르게 오르는 채권금리가 금리 인상의 전조가 되지 않을까? 금융소비자의 조바심은 어느새 '레드라인'에 접근한다.

대출서비스만 1년으로 만든 '기현상'

저금리 때 대출받아 시설하고 운영자금 끌어다 쓴 기업의 경영자는 속이 탄다. 매출과 수익은 그대로인데 늘어나는 금융비용 부담이 점차 힘에 부친다. 향후 금리 상승기를 어떻게 견뎌야 할지. '없는 집 제사 돌아오듯' 들이닥치는 대출 만기를 어떻게 넘겨야 할지 막막하다. 밤잠을 설치기 일쑤다.

이러다 몸이라도 상하면 어쩌나 하면서도 애꿎은 담배만 축낸다. 타는 갈증에 냉장고를 열어보니 그 많던 캔맥주가 흔적도 없다. 저리 정책자금 나왔으니 갖다 쓰라던 은행 지점장이 그렇게 미울 수 없다. 이제 와서 누구를 탓하랴. 모든 게 내 탓이려니 마음을 다잡아본다.

돌연 한 가지 생각이 머리를 스친다. 대출 기간이 너무 짧은 건 아닌가 하는 의구심이다. "은행의 운전자금 대출이 왜 1년짜리뿐일까?" "대출 기간이 5년 아니면 최소 3년만 되어도 어떻게든 해볼 수 있으련만." 아쉬움이 진하게 남는다. 대출받을 때는 금액과 금리만 신경 썼지 기간이 1년인 것을 무심코 넘겼던 게 후회막심이다. 설령 알았다 한들 1년 만기 대출만 있는 상황에서 애당초 선택의 여지조차 없었겠지만.

자동차, 생산설비, 생활용품은 물론 심지어 주택까지도 장기대여가 일상화된 현실에서 유독 대출서비스만 1년으로 짧게 공여되는 건 이해하기 힘든 기이한 일이 아닌가. 말이 좋아 금융소비자이지, '빚진 죄인' 취급이 여전하다.

단기대출 관행, 과거 금융회사의 적폐

금융회사의 단기대출 관행은 개선의 여지가 크다. 실제로 현재 국내 금융회사의 경우 운전자금 대출은 거의 1년짜리 단기 대출로서 만기 일시상환 방식으로 운영된다. 새로 출범한 케이뱅크, 카카오뱅크 등 인터넷은행들도 다를 바 없다.

최근과 같이 치열한 경쟁여건 아래서 어떤 기업도 1년 후에 영업수익으로 대출받은 원금을 갚을 수는 없다. 나쁘게 생각하면, 기업이 1년 후 대출금을 상환할 수 없음을 뻔히 알면서 대출하고 있는 격이다. 과거 금융회사가 장기자금 조달이 어렵고 우월한 위치에서 채무자의 입장은 전혀 고려하지 않던 시절에 생긴 불합리한 대출제도의 잔재라 할 수 있다. 금융회사의 자금조달이 정기예금 등 단기자금에 대한 의존도가 커 단기대출이 불가피하다는 항변은 설득력이 떨어진다.

은행은 자본시장이나 국내외 금융시장 등을 통해 얼마든지 장기자금 조달이 가능한 세상이다. 이보다는 대출 기한을 연장할 때마다 금리를 슬그머니 올려 받으려는 금융회사의 속셈이 숨어있다는 지적이 그럴듯하게 들린다. 전문지식과 정보력이 취약할 수밖에 없는 금융소비자로서는 단기대출이 주는 불이익이나 역기능을 생각할 여유조차 없다. 대출 현장에서 깨알같이 작은 글씨로 인쇄된 여신거래약정서 내용을 숙지한다는 것은 불가능한 일이다. 여신 담당자가 형광펜으로 표시한 곳을 찾아 빠짐없이 서명하기에도 바쁘지 않은가.

금융소비자들, 단기대출 불이익-역기능 감수

결과적으로 기업은 '울며 겨자 먹기'식으로 1년 만기 대출조건을 수용하곤 한다. 물론 1년 후에 차입금을 갚는 상환 계획은 아예 세울 생각도 못 한다. 그렇게 이자만 내다보니 빚 부담은 가볍게 느껴지고 마침내 빚 자체를 두려워하지 않게 된다. 만기가 닥치면 대출기일을 연장하든 다른 대출을 받아 돌려 갚으면 되지 하는 생각으로 은행 돈을 빌리게 된다. 이게 버릇이 되면 자연히 빚은 갚기 어렵게 된다.

당장 일본의 경우만 하더라도 우리와는 사정이 판이하다. 운전자금 대출이 원칙적으로 3~5년짜리인 중장기대출이다. 상환방식 또한 매월 원리금 분할상환 형태로 이루어진다. 기업 입장에서는 원리금을 매달 상환하다 보니 자금부담은 되지만, 매달 소정 금액을 꼬박꼬박 납입해 나가다보면 어느새 만기가 되고 대출금도 저절로 갚아진다. 결과적으로 금융회사도 자금지원 회전율이 높아지고 취급비용이 줄어드는 효과를 거둘 수 있게 된다. 국내 금융회사처럼 만기가 되어 갑자기 대출원금의 전부 또는 일부를 갚도록 강요하지 않아도 된다.

국내 금융회사들이 외국의 선진 제도들은 그렇게 벤치마킹을 잘하면서 왜 이런 부분들은 배우거나 따르지 않는 것일까. 때리는 금융회사들에게는 사소한 문제일 수 있으나, 맞는 금융소비자는 목숨이 걸린 큰 문제다.

07 '역경매' 대출시스템을 운영해 볼 때이다

'부자(富者) 은행, 빈자(貧者) 고객'의 금융 현실

은행의 영업 실적이 '어닝 서프라이즈'다. KB·신한·하나·우리은행 등 4대 금융지주와 은행이 2017년 한 해 동안 벌어들인 당기순이익은 9조 7,787억 원으로 전년에 비해 30% 가량 늘었다. KB금융지주의 순이익은 전년보다 54.5% 증가한 3조 3,119억 원으로 금융권 1등 자리에 올랐고, 신한금융지주의 순이익은 2조 9,179억 원으로 5.2% 늘었다. 하나금융(2조 368억 원)과 우리은행(1조 5,121억 원)도 각각 53.1%, 19.9% 증가했다.

대박이다. 어찌 됐든 실적 풍년은 축하할 일이나 그런 기색은 어디에도 없다. 1,400조 원을 넘어선 천문학적 규모의 가계 빚에 눌려 휘청거리는 개인도, 리스크관리를 내세워 대출조이기에 나섰던 은행 때문에 지난(至難)의 고통을 감내해야 했던 기업도 속이 편할 리 없다. 은행도 내색 못하기는 마찬가지다. 오히려 표정관리와 임직원 입단속에 나서는 분위기다. 빈자 고객을 상대로 은행만 배를 불린 게 아니냐는 곱지 않은 시선 때문이리라. 손 놓고 있다 뒤늦게 원인분석에 나선 금융당국도 면피성 대응이라는 지적을 면하기 어렵다.

은행의 사상 최고 실적은 늘어난 예대마진(NIM)에 크게 기인한다. 예금금리와 대출금리의 차이가 그만큼 컸다는 얘기다. 2018년 1분기 은행권의 잔액 기준 은행권의 예대금리 차이는 2.35%포인트(p)로

2014년 3분기 2.44%p 이후 3년 6개월 만에 최대를 기록했다. 은행의 영업이익 중 이자수익 비중이 90%를 넘는 수익구조에서 예대마진의 확대가 폭발적 수익 증가로 이어진 결과다.

국내 시중은행이 대출을 늘려 '손쉬운 장사'를 하는 동안 미국·유럽·일본 등 금융 선진국에서는 다양한 수익구조로 이익을 창출한다. 단순히 대출에만 기대지 않고 신탁, 펀드, 글로벌 등 사업 강화에 나서 비이자 수익 비중은 전체의 30~50%에 달한다.

은행 사상 최대 실적은 높은 예대마진 덕

높은 대출금리가 문제다. 경제학의 수요공급 법칙에 의하면, 수요가 일정할 경우 공급이 늘면 가격은 내려가게 된다. 시장에 다수의 공급자를 참여하여 경쟁이 심화될 경우 가격은 떨어지기 마련이다. 이를 위한 유효한 수단의 하나가 역경매이다. 역경매란 다수의 공급자가 호가를 점점 낮춰가는 경쟁을 통해 가장 낮은 가격을 제시한 사람이 낙찰받는 소비자 중심의 전자상거래 방식이다. 다수의 수요자가 응찰해 가격을 점점 높여가는 방식으로 이루어지는 경매 방식과는 반대의 개념이다.

역경매 대출은 인터넷사이트에 제시된 일정한 대출수요에 대해 금융공급자가 경쟁적으로 좀 더 낮은 이자를 제시하다가 최저 금리를 제시한 자에게 낙찰됨으로써 금리가 떨어지게 하는 구조로 운용될 수 있다. 금융수요자는 금리 비교를 위해 여러 은행을 전전해야 하는 번거로움 없이 최저 금리로 대출을 받을 수 있다. 금융공급자도 마케팅비용을 지출하지 않고도 앉아서 폭넓은 고객에게 접근할 수 있는 기회가 주어진다.

공급자가 주도하는 한국의 금융환경에서 역경매 대출의 실효성에 대한 의구심이 제기될 수 있다. 결론부터 말하면 기우에 불과하다. 정보통신기술의 발달과 보급은 공급자에 의한 일방적인 시장에서 수요자와 공급자가 상호작용하는 양방향 시장으로 변화하는 계기가 되었다. 공간적 제약이 사라지고 정보가 자유롭게 유통됨으로써 수요자의 협상력이나 시장에서의 지위가 이전에 비해 크게 향상된 덕분이다.

일반적인 상품이나 서비스 시장에 비해 금융시장, 특히 대출 시장에서는 수요자·공급자 간의 관계에 큰 변화가 일어나기 어려울 수 있다. 수요자와 공급자 간의 정보비대칭성과 소수의 공급자와 불특정 다수의 수요자가 존재하는 특성 탓이다. 하지만 은행이 시장가격 즉 금리를 결정하는 일방적 구도만큼은 최소한 역경매 대출을 통해 변화시킬 수 있다.

불공정·불평등 금융구조의 구원투수, '역경매 대출'

역경매 방식의 금융서비스로 대출금리를 떨어뜨린 사례는 과거에도 있었다. 2010년 1월 신용보증기금이 공적 보증이 연계된 역경매 방식의 '온라인 대출 장터'를 통해서다. 은행의 높은 협상력으로 인해 이론적인 수준보다 대출금리가 높게 형성되는 것을 막아 금리를 인하시키려는 취지였다. 시장의 반응도 좋았고 금리 인하 효과도 양호했다. 대출 장터 도입으로 은행 간 경쟁이 치열해지고 기업이 은행들의 금리조건을 비교해 대출을 선택할 수 있게 되면서 금리가 내려가는 효과가 적지 않았다.

강맹수, 권의종 & 이군희(2012)의 연구에 의하면 대출 장터 시행으로 인한 직·간접적인 금리 인하 효과가 최대 73bps(0.73%)까지로 나왔다. 대출 장터는 최우수 금융상품으로 대한민국 금융대상에 선정되었고, 국내외 금융, 산업, 학계로부터 첨단의 혁신사례라는 극찬을 받았다. 호사다마였을까, 대출 장터는 기업과 은행의 관심과 신보의 의지가 시들해지면서 3년을 넘기지 못하고 폐쇄되고 말았다.

폐지된 제도가 이제 와서 뜬금없이 리마인드되는 것은 당면의 금융 환경과 무관치 않다. 금융공급자는 사상 최대의 '수익 잔치'를 즐기는데, 상당수 금융소비자는 영업수익으로 금융비용조차 감당키 어려운 빈곤의 늪을 헤맨다. 이러한 만성적인 불평등·불공정 구도를 타개할 구원투수로 역경매 대출에 거는 간절한 기대 때문이다.

역경매대출 시스템의 운영은 금융공급자보다 금융소비자 유관기관에서 담당하는 것이 바람직해 보인다. 대상 대출의 범위도 금융권 전체 대출로 확대하고, 개인대출과 기업대출을 특화시킴으로써 '규모와 경제'와 '범위의 경제'를 동시에 거두는 방안이 효과적일 수 있다. 전 세계 금융시장에서 최초로 상용화될 한국의 역경매 대출의 화려한 등장을 학수고대한다.

08 불량정보 공유시스템, 폐지가 마땅하다

한국신용정보원의 '금융계 블랙리스트' 적폐

저녁 식사를 준비하려는데 쌀독에 쌀이 없다. 허겁지겁 동네 쌀가게에 들렀는데 판매를 거부한다. 외상값이 밀렸다는 이유다. 할 수 없이 이웃 가게로 발길을 돌려보니 거기서도 팔지 않겠다는 반응이다. 앞서 들린 가게에서 어느새 사발통문을 돌린 모양이다. 멀리 다른 동네까지 가봤지만 결과 또한 헛수고다.

모든 가게가 문전박대다. 기진맥진 상태로 어둔 밤 귀가하던 중 인적 드문 후미진 곳에 쓰러지고 만다. 그게 이승에서의 마지막 모습이다. 밀린 외상값 몇 푼이 천하보다 귀한 생명을 앗아가고 만다. 물론 실화는 아니다. 요즘 세상에서 있을 수도 없고 있어서는 안 되는 우울한 상상이다.

놀랍게도 이런 황당한 상황이 금융시장에서는 일상으로 벌어진다. 일시적 자금수급 불균형으로 얼마 안 되는 원리금이라고 밀리게 되면 걷잡기 어려운 대형사고로 번지는 경우가 다반사다. 전문용어로 '기한의 이익' 상실사유에 해당되어 전체 대출금을 당장 상환해야 하는 낭패를 피하기 어렵다. 소액 마련도 힘든 형국에 거액의 대출금 전체를 일거에 갚으라는 금융회사의 요구는 채무자 입장에서는 청천벽력이다.

문제는 그다음이다. 더 큰 난관이 도사리고 있다. 거래은행에서 발생한 연체 사실이 한국신용정보원의 신용정보관리 전산망을 통해 전 금융권에 실시간 전파되는 것. 모든 금융회사로부터 금리 인상, 신규 여신 차단, 기한연장 중단, 여신한도 축소, 추가담보 요구 등 엄청난 불이익이 일거에 쏟아진다.

금융소비자 도산을 부추기는 '사발통문'

여신거래약관에 동의한 이상, 연체가 생긴 금융회사의 요구는 감내 할 수밖에 없겠지만, 고객의 불량정보를 군이 다른 금융회사에 알려 금융활용의 기회를 원천봉쇄에 나서는 금융회사의 행위는 분명한 횡 포다. '동냥은 안주면서 쪽박마저 깨는' 악덕 쌀가게 주인의 만행과 다 를 바 없다.

금융공급자들끼리의 우량 신용정보 공유는 말릴 이유가 하등 없고, 오히려 신용정보의 효율적 이용을 위한 권장사항이다. 불량정보 공유 가 문제다. 득(得)보다 해(害)와 실(失)이 훨씬 크다. 불량정보 공유가 금 융공급자 입장에서는 신용도와 신용거래능력 판단에 '가성비' 좋은 고 성능 무기일 수 있다. 반대로 금융소비자로서는 생존을 위협하는 무 서운 흉기가 된다. 무심코 던진 돌에 목숨을 맡겨야 하는 개구리의 처 지가 되고 만다. 공급자 편의를 위한 제도 하나가 수많은 금융소비자 들을 신용불량 거래자로 낙인찍어 도산의 막다른 골목으로 내모는 현 실은 지금도 현재 진행형 모드다.

신용유의자의 정보가 과도하게 공유되고 있는 건 문제가 있다. 법령 의 개정이 시급하다. 신용정보의 이용 및 보호에 관한 법률에서 신용정보 주체의 신용도 판단을 위해 금융연체 등의 불량정보 활용을 인정한 조항의 삭제가 요구된다. 이는 신용정보의 오용·남용으로부터 사생활의 비밀 등을 보호함으로써 건전한 신용 질서의 확립에 이바지함을 목적으로 하는 법의 취지에 오히려 부합된다. 듣기에 따라서는 몰염치한 변명일지도 모르나 신용불량자 양산의 현실은 잘못된 정부 정책 때문에 기인된 측면도 없지 않다. 신용카드 남발이라는 정부 정책이 불러온 참사라는 점도 고려될 필요가 있다.

상거래소비자는 '봉(鳳)', 금융소비자는 '봉(棒)'

법령에서 불량정보를 신용도 판단자료로 허용했던 당시에는 금융회사의 신용평가에 필요한 정보가 제한적이었던 사정이 감안되었을 것이다. 지금은 사정이 판이해졌다. 신용분석에 빅데이터가 동원되고, 핀테크 금융이 본격화되는 작금의 금융환경에서 불량정보에 의존하는 신용평가시스템은 이미 설 땅이 없어졌다.

바야흐로 금융소비자 시대이다. 정부가 국정100대 과제의 하나로 금융소비자 보호법 제정을 발표했고, 금융소비자 보호를 위한 전담기구의 설립 논의 또한 활발하다. 금융위원장과 금융감독원장 또한 금융소비자에 대한 보호의 의지를 수차에 걸쳐 강력히 천 명한 상태다. 유독 금융소비자만 공급자주도 시장(seller's market)에서 눌려 지내야 하는 '봉'으로 더 이상 지낼 수 없다. 모든 소비자가 상거래소비자처럼 '봉(鳳)'처럼 당당히 대우받는 경제 주체로 살아갈 수 있는 소비자주권의 시대다.

지난날 금융소비자를 괴롭히고 급기야 죽음의 공포로까지 내몰았던 금융공급자들의 불량정보공유의 시스템은 더 이상 존재할 실익도, 명분도, 입지도 사라졌다. 다시 말해 '금융계 블랙리스트'를 양산시키는 적폐청산의 대상이다. 이제 금융공급자들이 자기들끼리 불량정보를 공유해온 폭력적 시스템은 하루 빨리 폐지되어야 마땅하다. 돈보다 사람이 먼저인 시대다.

09 무분별한 연대보증 폐지, '도덕적 해이' 열매를 낳다

어설픈 사전-사후 관리 부작용 우려

정책금융에 대한 연대보증제도가 개편되었다. 기업이 신용보증기금이나 중소기업진흥공단으로부터 보증이나 대출을 받을 때 법인 대표자의 연대보증이 전면 폐지된 것이다. 기업경영과 무관한 가족이나 동료에게 요구되던 제3자 연대보증이 2012년 폐지된 지 6년 만에 대표자 연대입보마저 없어졌다. 창업 활성화, 일자리 창출 등 혁신성장 여건을 조성하기 위한 조치라는 게 정부가 내세우는 추진 배경이다.

금융환경이 앞선 선진국에서조차 시행하지 못하고 있는 파격적 결정이다. 금융위원회 자료에 따르면, 미국 중소기업청 자금의 경우 20% 이상의 지분을 소유한 자는 모두 연대입보를 한다. 독일 보증은행도 대표자는 반드시 입보하고 가능한 물품이 있을 경우 담보로 제공한다. 일본은 '경영자보증 가이드라인'을 시행, 법인·대표자 간 자산분리, 자기자본비율 등 재무기준을 충족하는 경우에 한해 연대보증을 면제한다.

연대보증의 폐해는 심각하다. 기업 부실화에 따른 채무는 보증선 개인으로서는 감당키 힘든 부담이다. 실패자의 주홍글씨를 천형처럼 여기며 힘든 나날을 보내야 한다. 당장의 생계조차 꾸리기 힘든 형편에 통상 수억 원이 넘는 채무상환은 애당초 불가능한 일이다. 기발한 아이디어나 첨단의 기술을 갖고도 재도전 창업은 꿈조차 꿀 수 없다.

실패는 했지만 축적된 값진 사업경험과 소중한 노하우는 일거에 사장되고 만다. 개인과 기업의 손해를 넘어 사회적으로 국가적으로 엄청난 손실이다.

공공기관 연대입보는 타당성 측면에서 논쟁의 소지가 있다. 신용조사를 통해 기업의 신용을 보완해주는 신용보증기관에서 연대보증이라는 인적담보를 세우는 구조가 논리적 모순이라는 지적이다. 정책기관이 부담해야 할 부실위험을 보증인에게 떠넘기는 행위라는 비난도 나올만하다. 그럼에도 연대보증제도가 유지될 수밖에 없었던 저간의 사정은 기업의 도덕적 해이를 막고 대표자의 책임경영을 유도하기 위함이었다는 해석이다.

연대보증 폐해 심각하지만 도덕적 해이는

실제로 사업이 힘들어지면 고의 부도를 내고 친지나 종업원의 명의를 빌려 새롭게 사업을 영위하는 '차명(借名)기업'이 적지 않다. 이런 기업일수록 예전에 이용했던 정책금융에 대한 미련을 버리기 힘들다. 허위 자료나 위장 수법을 동원해서라도 다시금 신용보증이나 정책자금 활용을 위해 부단히 노력한다.

연대보증 폐해를 근절하는 동시에 기업의 도덕적 해이까지 차단하는 이른바 '두 마리 토끼'를 잡으려는 정부의 시도는 가상하다. 기업의 고충 경감과 창업 활성화라는 정책 방향에 토를 달 사람도 없다. 실패 경험을 자산으로 활용하는 용기 있는 재도전 기회를 마련하려는 정책 추진은 의당 박수감이다. 다만, 정부의 연대보증 개선내용에 '옥의 티'

가 적지 않은 게 흠이다.

대책에 담긴 내용의 현실성이 뒤진다는 평가다. 연대입보제도가 유도해온 책임경영 문제를 체크리스트나 평가지표 신설 등 여신심사 개편을 통해 해결하겠다는 시도야말로 탁상행정의 전형이라는 시각이다. 위장 경영, 대출금 유용, 세금 체납 등 투명성 관련 정보를 활용해 기업의 도덕성을 측정하겠다는 발상 자체가 난센스일 수 있다.

비근한 예로, 전임 대통령과 관련하여 ㈜다스의 실소유주를 밝히는 과정을 보자. 사법당국이 그토록 오랜 기간 공권력을 총동원하고도 진상 규명에 무진장 애를 먹지 않았던가. 책임경영에 의심이 가는 기업들 대다수는 심증은 있어도 물증을 찾기 어렵다. 이를 제대로 판별해낼 수 있는 법률적 수단도 획기적 재간도 시간적 여유도 금융기관 실무자에게는 주어져 있지 않다.

부실위험 커버할 재원 확충 시급

제도 시행에 따른 시행착오가 현실로 나타나고 있다. 특히 현장에서의 소극적 업무처리가 기업들의 자금조달을 힘들게 하고 있다. 심사 기준에는 저촉되지 않아도 부실가능성이 농후한 기업을 대하는 실무자의 고민도 커지고 있다. 부실발생에 대한 우려와 함께 업무처리 결과에 대한 문책을 의식하지 않을 수 없는 점도 문제다. 정권이 바뀌고 나면 책임져야 할 의사결정자는 보이지 않고 애꿎은 실무자만 처벌을 받는 상황이 벌어지지 않으리란 보장 또한 없다.

기업은 기업대로 까다로운 절차에 시달리고 있다. 자사(自社)의 투명성과 경영자의 책임성 입증을 위해 수많은 자료를 제출하고 장황한 정황설명을 해야 하는 번거로움이 추가되었다. 책임경영을 심사하는 체크리스트 항목 수가 14가지나 된다. 한두 항목만 저촉이 돼도 보증신청이 거절되고 만다. 차라리 대표자가 연대보증을 서고 이런 절차를 피하고 싶어도 그마저 불가하다. 소수의 거절업체를 가려내기 위해 모든 기업들이 고생하는 꼴이다. 지원이 늦어지고 금융의 가용성과 접근성이 방해되는 현실은 개선이 아니라 개악이다.

보증절차는 그렇다손 치더라고 사후 대책이 전무한 게 더 큰 문제다. 연대보증 폐지에 따른 채권회수 감소나 늘어날 부실위험을 커버할 재원 마련 방안은 아직까지 언급도 없다. 미처 거기까지 고려할 여유가 없었거나, 당장 적절한 방안이 없어 추후 과제로 미뤄졌을 수 있다. 하지만 재정이 소요되는 국책사업일수록 국회심의 등 국민적 동의가 선행되는 게 맞다. 재원의 최종 부담자는 결국 국민이기 때문이다.

성급한 시행은 근심을 낳는다. 시행기관이 심사기준 변경, 전산시스템 구축을 서두르다 보니 기업의 불편과 불만만 가중시킨 셈이다. 기업이 처한 환경을 면밀히 관찰하고 이해관계자의 다양한 의견을 수렴, 치밀한 사전 준비와 완벽한 사후 대책을 강구한 연후에 제도를 시행했어야 했다. 일단 시행하고 예상 문제점은 그때그때 땜질하려는 설익은 정책의 대가다. 조급하게 시작하면 허술한 결과로 귀결되기 십상이다. 설익은 풋과일은 영양은커녕 건강만 해칠 수 있다.

10 공공기관, 정책실험의 '테스트마켓' 아니다

공공기관은 일자리 창출 전진기지

한국인은 숫자 중에서 유독 1, 3, 5, 7, 10을 좋아한다. 경조사비를 낼 때도 3만 원, 5만 원, 아니면 10만 원이다. 4만 원, 8만 원, 9만 원을 내는 사람은 거의 없다. 세뱃돈 줄 때도 어린이 1만 원. 중학생 3만 원, 대학생 5만 원 이런 식이다. 돈을 빌릴 때도 백만 원, 5백만 원, 천만 원, 1억 원 단위가 대부분이다. 부정청탁 및 금품 등 수수의 금지에 관한 법률, 일명 김영란법에서도 식비 3만 원, 선물 5만 원, 경조사비 10만 원이 한도다.

생각 없이 사용되는 것 같은 이들 수(數)에도 각각 깊은 뜻이 담겨있다. 1은 모든 수의 시작과 모든 것의 우두머리를 나타내고 최초를 의미하는 수로써 행복의 수, 축복의 수이다. 3은 안정과 조화의 수로써 한국 사람들이 가장 좋아하는 수이다. 시간을 과거-현재-미래 3가지로 나누고, 하늘-땅-사람을 3이란 수로 구분한다. 5는 사람의 손가락 수와 같으며 모든 것, 많은 것, 전부를 나타내는 수이다. 동양에서의 5행(火水木金土), 5륜(五倫), 서양에서의 올림픽 5륜 마크, 5성 장군 등이 5를 잘 나타내는 예다. 7은 충의, 명예, 승리, 개선, 행운을 나타내는 수이다. 일주일은 7일, 럭키 세븐, 77세 희수(喜壽), 7월 7석, 북두칠성, 무지개 일곱 색깔 등이 그 사례다.

정부의 공공기관 경영평가의 분야별 배점이 이런 식이다. 정부는

2017년 공공기관이 일자리를 만들면 경영평가에서 10점의 가산점을 주었다. 기획재정부가 주요 공공기관의 경영실적평가 때 '좋은 일자리 창출 및 질 개선 노력'을 가점 항목으로 신설했다. 본래 100점 만점에서 110점 만점으로 늘린 것이다. 일자리 창출을 위한 정부의 의도는 십분 공감하나, 접근 방식이 다분히 즉흥적이고 일방통행 식이다.

즉흥적이고 일방통행식 공공기관 경영평가 기준 개정

우선, 일자리 창출의 배점이 하필이면 왜 10점이었는지 궁금하다. 3점도, 5점도, 7점도 아니고 말이다. 정책의 실효성을 높이기 위해서는 5점이 적을 것 같아 좀 더 올려 10점으로 정한 게 아니기를 바랄 뿐이다. 그랬다면 주먹구구식이다. 이 경우 10은 너무 큰 숫자다.

10점이 문제 되는 것은 A~E등급으로 나뉘는 공공기관 평가에서 1~2점 차이로 등급이 갈리기 때문이다. D등급 이하는 모든 임직원이 성과급을 받을 수 없고, 기관장에게는 인사상 불이익까지 더해진다. A~C등급에서도 등급이 A에 근접할수록 성과급 규모가 커진다. 평가결과가 다음연도 예산 수립에도 반영된다. 높은 등급을 받기 위해 모든 임직원들이 한 해 동안 사력을 다하는 이유다.

업무성과 등 주요 항목에서는 아무리 노력해도 경쟁기관보다 1~2점 이상 앞서기 힘들다. 소수점 이하의 차이밖에 나지 않는 경우가 흔하다. 이 상황에서 일자리 창출 항목의 10점은 매력적인 득점원이 될 수밖에 없다. 이것으로 평가 결과가 얼마든지 달라질 수 있다. 좋은 점수를 받으려고 기존 항목들보다 일자리 항목에 주력할 경우 자칫 꼬리가 몸통을 흔드는 본말전도의 상황이 빚어질 수 있다. 이로 인해 공공기관의 혁신이나 성과가 저하되기라도 한다면 그로 인한 피해는 고스란히 국민의 몫이다.

공공기관은 정책을 실험하는 테스트 마켓이 아니다. 말 그대로 공적 이익을 목적으로 자체사업으로 수익을 창출하는 공기업과 정부 사업을 대행하는 준정부기관이다. 정책을 공공기관에서 먼저 시행해보고 그 성과에 따라 민간부문으로 확대하려는 시도는 안이한 접근이다. 혹여 생길지 모를 부작용이나 시행착오를 공공기관에서 먼저 겪도록 하려는 의도일 수 있다. 자신 없으면 처음부터 시행하지 말아야지 일단 해보고 나서 문제가 생기면 바로 잡겠다는 것은 책임 없는 모험에 불과하다.

공공기관의 경영평가 기준은 조변석개

박근혜 정부에서 공공부문은 노동, 교육, 금융과 더불어 이른바 4대 개혁의 대상이었다. 공공기관 임직원들은 임기 내내 뼈를 깎는 구조조정에 시달려야 했다. 생산성 향상을 내세워 인원감축과 성과연봉제까지 강요당했다. 견디다 못한 일부 기관은 노사합의 절차도 없이 이사회 의결만으로 제도를 도입하는 무리수를 두기도 했다.

문재인 정부가 출범하면서 공공부문은 일자리 창출의 전진기지가 되었다. 비정규직과 청소·경비 등 파견받은 간접고용 인력을 정규직으로 전환하고, 사내벤처·임직원 창업 등을 통해 새로운 일자리를 최대한 만들어내라는 가이드라인이 정부로부터 떨어졌다. 일자리 창출을 위해 정부가 나서서 공공기관의 경영평가 기준까지 개정한 것은 지나치다는 평가다. 그렇게까지 안 해도 산하기관에서 정부의 핵심 정책에 따르지 않을 리 없다.

그런 식이라면 새 정책이 나올 때마다 가점 항목이 늘어 원래 항목보다 더 많아지지 않으리란 보장이 없다. 실제로 지금도 일자리 외에 사회적가치, 균등기회, 안전·환경, 상생협력, 윤리경영 등의 지표들이 경영평가 지표로 들어가 있다. 평가기간 만료를 앞두고 시도 때도 없이 조급하게 평가 기준을 바꾸는 것은 더욱 이해가 안 된다. 혼란에 빠질 피평가기관의 입장을 전혀 고려하지 않는다는 얘기다. 대학수학능력시험을 코앞에 두고 수험과목을 변경한다면 온 나라가 발칵 뒤집힐 것이다. 정부 앞에만 서면 한없이 작아지는 존재, 그래서 대놓고 말 한마디 건네지 못하는 공공기관이라 해서 이렇게 대해서는 곤란하다.

11 동산담보대출, 마음에 차지 않으나 기대는 크다

지난날 경험을 반면교사 삼아 재탄생된 명품

결혼 청첩장이 배달된다. 모바일 시대라지만 상대에 대한 예의를 고려해서인지 종이 청첩장이 아직 건재하다. 봉투 겉면 좌측에 혼주 내외의 이름과 주소, 휴대전화까지 자세히 적혀 있다. 보낸 사람을 확인하고 봉투를 열어본다. 그런데 겉봉투의 이름과 속지의 이름이 다르다. 봉투에는 부모의 이름인데, 내용물에는 '저희, 결혼합니다'로 되어 있다.

아이를 키워 결혼을 시키겠다는 부모가 '저희, 결혼합니다'라니. 액면 그대로 해석하면 봉투의 발신자들이 재혼하는 모양새다. 예비 신랑·신부가 청첩장을 제작하다 보니 생겨난 해프닝이다. 결혼식 하객은 부모 손님이, 장례식 조문객은 자식들 지인이 대부분인 현실과도 맞지 않는다. 겉과 속이 다른 표리부동이 주는 잠시의 황당함이다.

표리부동이라고 다 탓할 게 아니다. 외유내강은 겉과 속이 다르지만, 긍정적 의미로 쓰인다. 표리부동이 좋게 평가받는 경우도 흔하다. 겉은 소탈하나 속이 꽉 찬 사람이 인정받는다. 남에게는 관대하나 자신에게는 엄격한 사람이 존경의 대상이다. 이때 '표(表)'와 '리(裏)'의 차이가 클수록 평가는 후해진다. 다만 여기에 전제 조건이 하나 있다. 알맹이가 껍데기보다 실해야 한다. 결국 겉보다 속이 못한 외화내빈의 과대포장이 문제다.

과대포장은 금융상품에서도 자주 목격된다. 활성화가 발표된 동산담보대출에 대한 홍보가 표리부동의 청첩장처럼 느껴진다. '사물인터넷(IoT) 기반 스마트 동산담보대출'의 명칭부터 거창하다. 곧 죽어도 4차산업혁명 기술을 앞세운다. IoT를 여신상품과 결합해 동산의 담보가치와 안정성을 높였다는 설명이다. 내막을 들춰보면 별다른 게 없다. 담보물의 위치정보, 가동상태를 실시간으로 관리하기 위해 동산담보물에 사물인터넷 기기를 부착하는 정도다.

부동산에 편중된 대출시장 시정 위한 회심의 새 카드

동산담보대출은 정부가 부동산담보대출에 편중된 대출시장을 바로잡기 위해 내놓은 회심의 새 카드다. 기계설비와 매출 채권, 지식재산권 등을 담보로 대출이 이루어지면 기업의 자금조달 숨통이 트일 것으로 크게 기대하는 눈치다. 동산담보대출 시장을 2022년까지 6조 원으로 늘리겠다는 금융위원회의 발표가 호기롭다.

실행 계획에도 애쓴 흔적이 엿보인다. 동산 가치를 정확히 평가할 수 있도록 은행연합회 주도로 은행권 공동 전문평가법인 공개 풀(pool)이 구성된다. 전문평가법인에서는 은행에 해당 동산 자산의 담보적합성과 거래 가능 시장, 설정된 권리관계 분석 등의 정보를 제공한다. 신용정보원은 이 같은 평가정보와 관리정보, 회수정보 등을 은행이 쉽게 활용할 수 있도록 데이터베이스(DB)를 구축한다.

담보물 관리를 위해 담보물에 사물인터넷 자산관리시스템 센서를 부착, 담보물 이동이나 훼손, 가동 여부 등을 감지하는 시스템이 작동

된다. 기업 신용평가회사(CB사)는 해당 기업의 영업활동 정보를 통해 동산 회전율이나 정상가동 여부 등을 확인한 자료를 은행에 제공한다. 중복 담보를 막기 위해 부동산처럼 등기 증명서를 제3자가 열람하도록 허용하고 불법으로 담보물을 반출·훼손하는 경우 제재 수단을 마련하는 등 법적 권리보장 장치도 강화된다. 지식재산권은 특허청을 통해 가치 평가와 수익화를 지원하고, 지식재산권 가치평가 비용 지원도 늘린다.

그런데도 시장의 중론은 회의적이다. 정부가 위험이 큰 동산대출 시장에 대해 단기 목표치를 설정하고 무리하게 밀어붙이는 게 은행들로서는 여간 부담스러운 게 아니다. 시장이 제대로 형성되지 않은 상태에서 대출했다가 부실이 생기면 이를 고스란히 떠안아야 해서다. 십중팔구 보증서를 담보로 잡아 부실책임을 신용보증기금으로 떠넘길게 확실하다. 기계나 지식재산권(IP)에 대한 담보가치 평가 또한 말처럼 쉽지 않다. 장기간에 걸쳐 데이터가 수집·축적되고 과학적 평가시스템이 구축되어야 가능한 일이다.

실적 강요, 부실 책임, 담보 평가, 사후관리에 대한 대책 시급

사후관리도 난제다. 센서 알림도 24시간 모니터링을 해야 하고, 사물인터넷(IoT)구동 비용도 만만치 않다. 은행권의 시범운영 결과, 동산 담보관리를 위해 담보물에 부착하는 기술 비용이 동산 한 개 당 연간 54만 원 정도로 나타났다. 반출 등을 감지하는 센서 단말기 가격 30만 원에다 통신료가 월 2만 원을 더한 금액이다. 리스 등 임대방식으로 운용할 경우에도 매달 2만 원 이상 들어간다. 동산 담보마다 별개의 센서를 달아야 함에 따라 공장설비 등 대량의 동산을 담보로 할 경우 은행의 자산관리 비용은 눈덩이처럼 커진다.

사물인터넷 기술을 적용한다고 해도 담보관리의 근본적 문제가 해소되기 어렵다. 담보로 잡힌 동산이 분실될 수도, 위치 추적기가 훼손되어 처분될 위험도 크게 줄지 않는다. 담보물의 훼손이나 무단 반출도 현실적으로 근절되기 힘들다. 자동차, 운동기구, 기계설비 등의 경우 핵심부품이 절취되거나 저가 부품으로 뒤바뀔 경우 담보가치 하락도 막을 수 없다.

2012년 동산담보법이 시행되면서 시작한 동산담보대출이 활성화되지 못했던 것도 이런 문제들 때문이었다. 초기 1년간은 금융당국의 푸시로 2400여 개 업체에 6000억 원의 자금을 공급하는 등 반짝 성과를 보였다. 하지만 담보물 실종, 중복 담보, 불법 반출, 훼손 등의 취약점이 드러나면서 취급액이 급감했다. 현재 잔액은 2051억 원으로 초기 실적의 3분의 1에 불과하다.

지난날 아쉬운 경험을 반면교사 삼아, 미흡한 법과 제도를 보완하고 발생 가능한 제반 문제에 대한 추가적 논의를 통해 이름과 실상이 서로 꼭 들어맞는 명실상부한 대출상품으로 거듭나기를 기대한다. 아직은 마음에 차지 않으나 앞으로 동산담보대출에 바라는 바는 크다.

Part 05

국민: 구경꾼이 아니라 또 다른 주인공이다

01 스튜어드십 코드, '연금 사회주의'와는 이름부터 다르다

피 같은 국민 노후자금 제대로 된 운용방안이 필요하다

국민연금의 스튜어드십 코드(stewardship code), 즉 기관투자가의 의결권 행사지침이 도입된다. 정부 로드맵이 마련된 상태다. 초안에는 현재 배당 확대에 국한된 주주 활동 기준을 경영진 사익추구, 부당지원, 횡령, 배임 등 기업가치를 훼손하는 사안으로까지 확대하는 내용이 담겨 있다. 기업가치를 훼손하는 사안을 '중점관리사안'으로 정한 후 해당 기업의 경영진 면담을 통해 개선 대책을 요구하고, 비공개 서한을 발송한다.

비공개 서한으로 해결이 안 될 경우 주주총회에서 기업가치 훼손을 주도한 이사, 감사 선임 등을 반대한다. 중점관리기업 '블랙리스트'도 만들어 명단을 공개하고, 공개서한도 발송할 계획이다. 부정행위로 회사에 손해를 끼친 임원에 소송을 제기하는 주주대표소송제도를 도입하고, 스튜어드십 코드 이행 위탁사에도 가산점을 부여한다. 또 국민연금이 투자기업 주총에 앞서 내린 의결권 찬반 결정내용을 원칙적으로 주총 이전에 공개키로 했다.

애초 코드에 들어갈 것으로 예상했던 주주제안을 통한 사외이사 후보 추천이나 의결권 위임장 대결, 경영 참여형 펀드 위탁 운용 등 '경영 참여'에 해당하는 활동은 주주권 행사범위에서 빠져 있다. 국민연금의 과도한 영향력을 고려해 위탁자산을 맡아서 굴리는 자산운용사에 국민연금의 의결권을 넘기는 방안도 검토 중이다.

스튜어드십 코드는 연기금과 자산운용사 등 기관투자가가 주인의 재산을 관리하는 '집사'처럼 관리하라는 취지로 붙여진 이름이다. 기업의 의사결정에 적극적으로 참여해 주주로서의 역할을 충실히 수행하고 위탁받은 자금의 주인인 국민이나 고객에게 투명하게 보고토록 하라는 행동 지침이다.

주인인 국민에게 투명하게 보고하라는 행동 지침

기관투자가의 역할을 단순히 주식 보유와 그에 따른 의결권 행사에 한정치 않고 기업과의 적극적인 대화를 통해 기업의 지속 가능 성장에 기여하고, 고객의 이익을 극대화하라는 목적이다. 2010년 영국에서 처음 도입된 후 네덜란드, 캐나다, 스위스, 이탈리아 등 20개 국가에서 운용 중이다. 아시아에서는 일본, 말레이시아, 홍콩, 대만 등이 도입했다.

코드가 영국에서 처음 도입된 것은 2008년 글로벌 금융위기가 주주, 특히 기관투자가의 무관심에서 비롯됐다는 판단에서다. 기관투자가가 금융회사 경영진의 잘못된 위험 관리를 견제하지 못했기 때문이라는 지적에서 비롯되었다. 기금 규모 635조 원, 운용수익 306조 원의 대한민국 국민연금도 충실한 집사로서 기업을 잘 감시하고 관리해 국민의 노후자금을 지킬 수 있다면 도입을 마다할 이유가 없다. 가입자의 이익을 극대화하기 위해 적극적으로 주주권 행사를 강화하겠다는 데 반대할 명분도 없다.

제도의 취지나 외국의 운영 사례만 놓고 봐서는 언뜻 도입에 무리가 없어 보인다. 코드 도입이 이미 세계적인 추세이며 국민연금의 수익성과 주주권 행사의 투명성 제고에 기여가 예상된다. 소수 지분으로 지배권을 남용해온 재계의 기형적 경영 행태를 견제할 수 있는 유효한 수단인 점에서도 기대를 모으기 충분하다. 다만 이런 점들만 고려해 코드 도입을 섣불리 정할 수 없는 게 우리가 처한 현실이다.

도입에 앞서 선행되어야 할 전제조건이 적지 않다. 당장 제도 운용의 독립성부터 보장되어야 한다. 국민연금이 정부로부터 독립성을 확보하는 게 관건이다. 기금 운용의 자율성과 독립적인 의사결정이 담보되지 않은 채 코드가 도입될 경우 자칫 '기업 길들이기'의 정치적 목적에 악용될 소지가 크다. 국민연금이 돈을 맡긴 국민의 집사가 아니라 정부를 섬기는 집사가 될 가능성이 농후하다.

독립성 보장-경영권 간섭 배제가 관건

박근혜 정부 시절 삼성물산과 제일모직의 합병 과정에서 부당한 압력을 행사한 혐의로 보건복지부 장관이 구속된 사례는 연금가입자들의 뇌리에 아직도 큰 트라우마로 남아 있다. 현 정부 들어서도 국민연금 기금운용본부장(CIO) 선임과 관련해 청와대 정책실장이 개입한 정황이 드러났다. 후진적 관치가 여전하다는 증거다. 이런 형편에서 코드가 도입될 경우 기대 효과는커녕 부작용만 초래하기에 십상이다. 피 같은 노후자금만 까먹을 수 있다.

국민연금의 과도한 경영 간섭의 우려도 불식되어야 한다. 기업들은 벌써 경영권 내지는 지배구조 변화를 걱정한다. 정부 초안에서 '경영 참여'로 볼 수 있는 것은 모두 뺐다는 보건복지부의 말을 못 믿는 분위기다. 아주 완벽히 뺀 게 아니라 점진적·단계적으로 추진하겠다는 말이 되레 불안감을 키운다. '연금사회주의'로 치달으며 기업의 자율성 훼손이 가속화될 거라는 의구심만 증폭된다.

코스피와 코스닥 상장사 중 국민연금이 5% 이상 지분율을 가진 기업이 299개에 달한다. 삼성전자, 현대자동차, 포스코 등 국내 주요 기업들 대부분이 해당한다. 10% 이상 지분을 소유한 상장사도 90개에 이른다. 지금까지도 국민연금이 주요 기업의 주총 안건에서 '캐스팅 보트' 역할을 해 왔다. 여기에 스튜어드십 코드까지 가세하면 기업의 의사결정권이 국민연금으로 넘어갈 거라는 기업들의 심려다.

'기대 반 우려 반'의 스튜어드십 코드, 이쯤 되면 도입 여부를 두고 찬반 논란으로 삐걱댈 게 아니라, 어떻게 운용할 것인지에 대한 고민이 더 긴요할 수 있다. 잘 쓰면 약, 잘못 쓰면 독이 될 '양날의 칼'에 대한 사용법을 제대로 익혀야 할 때다.

02 한국 프로야구의 앞날, 경영학 교수가 이야기하다

'고객' 무시하는 시대착오적 행동 일쑤

프로야구 선수들이 또 말썽이다. 성폭행 혐의로 수사를 받았다. 두 명에 국한된 일이지만 팬들의 실망감이 작지 않다. 잊어버릴 만하면 터지는 선수들의 음주, 도박, 성추행, 승부 조작이 볼썽사납다. 으레 있을 수 있는 일로 넘기기에는 빈도가 잦고 정도가 심하다. 한국 프로야구 산업을 위기로 내모는 불씨가 될까 걱정된다. 내친김에 심도 있는 성찰이 긴요해 보인다.

이미 관중수가 정체되는 추세다. 2018년 8월 초 현재 총 516경기에 5,863,377명이 입장해 경기당 평균 11,363명을 기록했다. 절대치 면에서 작은 수치가 아니다. 한국보다 인구수가 6.3배인 미국의 MLB(30,023)나 2.5배인 일본의 NPB(29,291명)에 비해 크게 떨어지지 않는다. 하지만 지난 해 KBO 720경기 평균 관중 수 11,668명에 비해서는 감소하는 분위기다. 지금 수준을 유지해도 역대 3위에 그칠 거라는 예상이다.

경기 수준도 빈약하다는 평가다. 특히 투수력의 열세가 확연하다. 패스트볼 평균구속만 봐도 차이가 크다. KBO 투수의 경우 평균 구속이 141.3km(87.8마일)인데 비해 MLB 투수는 150.6km(93.6마일)에 이른다. KBO에는 90마일(144.8km) 이상 투수가 25명으로 전체 239명 중 10.5%에 불과하나, MLB에는 577명으로 전체 735명 중 78.5%나 된다.

타격이나 수비력 면에서도 미국과 일본의 프로야구 수준에 한 수 아래라는 진단이다.

서구인에 비해 동양 선수들의 신체적 열세에 기인할 수 있다. 하지만 그럴수록 일본 선수들처럼 이를 극복하려는 자세가 바람직하다. 일부 선수의 경우이지만 한국 프로야구 선수들의 일탈의 정도는 심각하다. 경기를 마치고 한밤중에 숙소를 이탈하여 유흥업소를 출입하고 폭음, 폭행, 음주운전, 성범죄 등의 불미스런 행동을 보이는 사례가 잦다. 그런 몸으로 이튿날 경기가 제대로 될 리 만무하다. 승부 조작에 가담해 팬들을 경악케 했던 적도 있었다.

위계질서 취약하고 선수들 일탈, 빈도 잦아

위계질서 또한 취약하다. 감독 등 지도자들의 명령에 불응하는 경우가 자주 눈에 띈다. 감독의 지시에 불만을 품고 글러브나 장비를 내동댕이치는 무례함을 서슴지 않는다, 관중의 시선이나 매스컴의 중개 따위는 아랑곳하지 않는 분위기다. 경기 중에 '흡연 타임'을 갖는 모습에도 외국인 선수들은 경악한다. 미국 MLB 등에서는 담배가 심폐기능을 약화시켜 선수에게 큰 마이너스가 된다는 이유로 흡연을 철저히 금지한다. 실제로 감독이나 선수 중에 흡연자가 거의 없을 정도로 몸 관리가 철저하다.

팬들을 대하는 선수들의 태도도 무례하다. 사인을 요청하는 팬들을 외면하는 사례가 적지 않다는 불만이 크다. 사인을 자주 해주다보면 희소성이 사라져 '가치'가 떨어진다는 이유를 내세우는 선수까지 있다. 팬들에 대한 배려나 존중은커녕 아예 대놓고 무시하고 우롱하는 처사다. 팬들이 선수들을 먹여 살리고 프로야구 산업을 지탱해주는 기둥이라는 사실조차 모른다. 연예인은 물론 심지어 정치인까지도 팬 관리를 가장 신경 쓰는 현실 속에서 유독 야구 선수들만 예외적 존재로 보인다.

고객 무시는 선수 자신들은 물론 한국 프로야구 산업을 망치는 자해 행위나 다름없다. 거대한 둑의 붕괴도 조그만 구멍에서 비롯되고, 미꾸라지 한 마리가 강물 전체를 흐리는 법이다. 비즈니스는 고객에 의해 성립되고 주도된다는 사실은 현대 경영학의 불멸의 명제다. 고객이 없는 선수가 있을 수 없고 고객이 외면하는 프로야구가 존재할 리 없다.

야구의 열기가 높고 팬들의 인기가 클수록 선수들은 더욱 겸손해야 한다. 어쩌다 때를 잘 만나 과분한 대우를 받고 있다는 생각을 먼저 하는 지혜가 필요하다. 국내에 10개나 되는 프로야구 구단 덕분에 프로선수의 문턱이 낮아진 현실을 행운으로 여길 줄 알아야 한다. 한국 프로야구팀 수가 일본 NPB의 12개, 미국 MLB의 30개 팀에 비해 너무 많은 건 주지의 사실이다. 프로야구에 인력을 공급하는 고교 야구팀 수도 외국에 비해 턱없이 적은 것도 유리함이다. 일본만 하더라도 우리나라보다 60여 배나 많은 4000여 개의 고교야구팀이 있다.

대만 프로야구 영화(榮華) 오래 못가

같은 야구를 했어도 힘들게 선수 생활을 이어갔던 선배 세대에 비

해 호조건임을 감사해야 한다. 또래 친구들이 낮은 급여로 산업현장
에서 땀 흘리는 것은 그들의 직무 가치가 '야구 공놀이'만 못해서가 아
니다. 팀 내 동료들의 낮은 연봉도 능력의 차이라기보다는 가려진 기
회에 기인하는 측면이 더 크다는 점을 선수 자신들이 더 잘 알 것이
다. 유리하게 주어진 기회를 은혜로 알고 최선의 노력으로 수준 높은
경기를 펼쳐 팬들의 기대에 부응하는 게 진정 프로다운 모습이다.

산업에도 수명주기(PLC: product life cycle)가 있다. 도입기-성장기-성숙
기-쇠퇴기라는 생로병사의 사이클을 거치게 마련이다. 간단없는 개선
과 혁신 없이는 쇠락의 길을 피하기 어렵다. 호황 때 불황을 대비해야
하는 이유다. 호황기 한국 프로야구 산업이 지속가능한 성장을 위해
당장 필사의 노력을 기울여야 하고 그 주도적 역할을 선수들이 맡아
야 한다.

덧없는 게 인기다. 생산과 동시에 소비가 이루어져 저장이 불가능하
다. 아침 안개처럼 금세 사라지는 속성이 있다. 프로야구의 인기도 언
제까지 지속되리라는 보장이 없다. 1990년 출범한 대만 프로야구가
그랬다. 한때는 CPBL 구단 수가 7개까지 느는 등 절정의 인기를 누렸
지만 그 영화는 오래 가지 못했다. 1997년에 터진 일부 선수들의 승부
조작 파문으로 일순 내리막길로 향했다, 4개 구단이 남아 명맥을 유
지하는 그들의 초라한 현실을 타산지적으로 삼아야 한다.

엉망인 인적자원으로 성공 가능한 비즈니스는 없다. 한국 프로야구
역시 엄연한 비즈니스이다. 비즈니스는 '사람'이 전부다. 더욱이 당신들
은 프로다.

03 리더십은 자기 PR과 포용력의 줄타기로 이루어진다

대인관계의 '작용과 반작용'

자기 PR 시대이다. 뉴욕시 전신전화회사가 통화 중 가장 빈번히 쓰이는 말을 조사해 보았다. 예상대로 1인칭 대명사 '나(I)'였다. 5백 번의 통화 중에 무려 3천 9백 번이나 사용되었다. '나', '나는', '내가', '나와', '나의' 등이 쉴 새 없이 등장했다. 이게 어디 미국인들에게만 국한된 현상이랴. 휴대전화 보급률이 세계 최고의 수준인 한국인들은 정녕 이보다 더했으면 더했지 덜할 리 없다.

자기표현 욕구는 지극히 당연한 인간의 본능이라 할 것이다. 모두가 자신의 생각이나 감정을 겉으로 드러내 보이려 애를 쓴다. 여럿이 찍은 단체 사진을 받아들면 가장 먼저 찾는 게 자기 얼굴이고, 엘리베이터를 타도 무의식적으로 자기 얼굴을 거울에 비쳐보지 않는가. 사람들은 습관적으로 표정을 고치고 무의식적으로 헤어스타일을 다듬고 옷매무새를 끊임없이 매만지며 살아간다.

대화를 하면서도 다들 자기 얘기를 먼저 하고 싶어 한다. 남의 말은 건성으로 흘려듣거나 아예 귀를 닫으려는 성향이 뚜렷하다. TV 토론이나 시사 프로그램에 출연한 명사들마저 자기주장은 장황하면서도 상대의 의견이나 논리에는 경청의 기색이 별로 없어 보인다.

그런데 묘한 것이 사람과 사람의 관계이다. 자기 PR로 다른 사람들의 관심을 끌고자 하면 할수록 상대방은 도리어 멀어져간다. 반대로 상대방의 말을 경청하고 사소한 일에도 관심을 줄 경우 그들은 의외로 쉽게 마음을 열고 다가온다. 이른바 뉴턴의 운동 제3 법칙, '작용과 반작용의 원리'가 대인관계에서도 그대로 통한다.

심리학자 알프레드 아들러는 '인생의 의미는 무엇인가?'라는 저술에서 이렇게 말한다. "다른 사람들에게 관심이 없는 사람은 인생을 살아감에 있어서 큰 어려움을 겪게 되고, 인간의 모든 실패는 바로 이런 유형의 인물에서 비롯된다." 자기중심적 성향으로 흐르기 쉬운 현대인이 필히 귀담아들어야 할 대목이다.

일방적 자기 PR은 되레 '독(毒)'

종합건설업을 영위하는 어느 사장의 일화이다. 그는 건설업계에서 10년 넘게 잔뼈가 굵어 사업기반이 잡혀가던 차에 IMF 위기를 맞고 말았다. 거래처 도산으로 물품대금으로 받은 어음이 부도 처리되어 하루아침에 휴짓조각이 되었다. 돌연 자금난에 봉착한 사장은 자재대금은 고사하고 종업원 급여조차 제때 지급할 수 없었다. 단 며칠을 버티기 힘든 절박한 상황에서 그는 대형 아파트 시행업체를 수소문해 찾아갔다. 그간 거래도 없었던지라 수주는 예상대로 불가능했다.

낙담한 채 사무실을 나서던 그는 한 젊은이와 마주쳤다. 여비서에게서 들은 바로는 그는 미국 유명 로스쿨에 재학 중인 시행사 대표의 큰아들이라는 것이었다. 회사로 돌아온 사장은 해외에 진출한 한인 2세들의 성공 스토리를 집중적으로 수집했다. 지푸라기라도 잡으려는 절박한 심정이었다. 당시 미 국무부 차관보에 오른 고홍주 씨를 비롯해 60명 이상의 성공한 한인 사례들을 망라했다. 각종 언론매체, 잡지, 도서, 인터넷 등이 총동원되었고, 자료는 분야별로 정리되고 예쁘게 양장 제본되어 책자화 되었다.

일주일 후 다시 원청업체 대표를 찾은 그는 쑥스럽게 책자를 내밀었다. "축하합니다. 얼마나 자랑스럽습니까?"라고 인사를 건네며, "제 아들의 일처럼 저도 기뻤습니다. 아드님이 책 속의 인물처럼 성공하기를 바라는 마음에서 자료를 검색하고 모아봤습니다." 원청업체 대표의 반응은 감격 그 이상이었다. 천하보다 소중하게 여기는 자신의 아들에 보여준 사장의 관심과 정성에 금세 마음을 열었다. 말은 어눌해도 행동이 민첩한 소위 눌언민행(訥言敏行)의 모습에 감동치 않을 수 없었다. 그렇게 시작된 사업 관계는 지금까지 20년 넘게 인간적 연으로 끈끈하게 이어지고 있다는 훈훈한 스토리다.

사람-직원, 고객-이웃에 자상하고 따뜻한 관심을

남에 대한 관심은 대인관계에서도 이처럼 의외의 성과를 가져다주곤 한다. 설사 관심사가 사소한 경우에도 상대의 마음은 의외로 크고 빠르게 움직인다. 데일 카네기는 "2년 동안 다른 사람으로 하여금 내게 관심을 갖게 하는 것보다, 내가 다른 사람에 관심을 가지면 두 달 안에 더 많은 친구를 사귈 수 있다"고 했다.

세계적인 생활용품회사 미국 프록터 앤 갬블(P&G)의 최고경영자 A.G. 래프리 회장은 대화시간의 3분의 2를 다른 사람들의 의견을 듣고 그에 답하는 데 할애한다. 2000년 CEO로 취임 당시 주가가 곤두박질하고 비방의 목소리가 클 때 그는 직원 및 고객과의 대화를 시작했고, 이때 '3분의 2원칙'을 철저히 지켰다. 그 결과 반대자들을 포함해 많은 사람들을 자기편으로 끌어들이는 성공적 리더십을 발휘할 수 있었다.

물론 기업경영에서도 자기 PR의 중요성은 조금도 경시될 수 없다. 기업들은 나름대로 자사와 제품에 대한 홍보를 위해 각종 수단과 기법을 총동원해야 한다. 다만, 분명한 것은 제품의 우수성과 차별성을 일방적으로 부각시키기만 하면 고객은 저절로 확보될 것이라는 막연한 믿음은 잘못이라는 사실이다. 기업들이 너무도 자주 범하는 실수 중의 하나이다.

사람과 직원, 고객과 이웃에 대해 자상하고 따뜻한 관심을 먼저 건네 보라. 마침내 그들을 진실한 친구로 얻는 결실을 얻을 것이다. 남의 사소한 일이라도 나의 큰일처럼 여긴다면, 안 될 일 전혀 없고 될 일은 더 잘된다. 해보면 안다.

04 다문화 정책, 양날의 칼 사용법을 익혀야 한다

정부, 대학에 다문화 교육 지원사업 지정

"나는 왜 다를까?" 다문화 2세가 느끼는 절망감이다. 사람 만나기가 두렵다. 다들 안 좋게 보는 것 같다. 사람들 앞에서 주목받는 게 싫다. 자신감이 없다. 이름이 있는데도 '방글라데시', '파키스탄'으로 부른다. '다문화' 단어와 이름을 함께 호칭하는 경우도 흔하다. 앞에 세워놓고 "외국 말을 해보라"는 애 같은 어른도 있다.

친구와의 다툼은 으레 "너희 나라로 가라"라는 말로 끝이 난다. '너희 나라'는 지구상 어디에도 없다. 다 같은 대한민국 국민이다. 국적도 취향도 입맛도 영락없는 한국 사람을 개발도상국에서 온 외국인쯤으로 하대한다. 피부색 때문이다. 학교에서도 겉돈다. 학업 부적응과 경제적 이유로 자퇴하는 일이 비일비재이다. 졸업을 한다 해도 대학갈 형편이 못 된다. 15세 이상 자녀 중 NEET(비 재학·미 취업) 비율이 18%나 될 정도로 학업 성취도가 저조하다. 그럴수록 상급학교 진학, 진로상담, 진로교육에 대한 목마름은 더하다.

우리나라의 다문화 역사는 20년이 넘는다. 1990년대 중반 20대 동남아 여성과 40대 한국 남성의 결혼으로 시작되었다. 당시 결혼한 부부는 이제 남성은 60대, 여성은 40대를 훌쩍 넘어섰다. 2세들은 고등학교를 마치고 대학에 진학하거나 군에 입대할 나이가 되었다. 실제로 다문화가정 출신 청년들의 군 입대가 갈수록 늘고 있다. 2024년에는 다문화 현역병 1만 명 시대가 예상된다.

그 사이 상당수 가정들이 이혼과 빈곤으로 붕괴되어 자녀를 돌보기 어려워졌다. 혼인지속 기간이 9.77년에 불과하고, 결혼하고 5년도 안 되어 가족이 해체된 경우도 29.6%나 되었다. 성인의 문턱을 넘어서는 다문화 2세들을 이대로 방치할 경우 언제 어디서 무슨 일로 어떻게 폭발할지 모른다는 게 전문가들의 한결같은 우려다. 이들에 대한 국가 차원의 정책적 배려가 다급해지는 이유다.

"우리도 다 같은 대한민국 국민이다"

16~18세의 다문화 자녀는 2015년 기준 1만 4,881명에 이르렀다. 고등학생 자녀수만도 1만 57명으로 3년 전에 비해 3배 가까이 늘었다. 상황의 심각성은 여성가족부의 '전국다문화가족 실태조사'를 통해서도 확인할 수 있다. 다문화 자녀의 희망교육 수준은 4년제 이상 대학이 52.3%를 차지하고, 4년제 미만 대학과 석박사를 포함한 고등교육 희망자는 89.7%에 달한다. 높은 교육 수요에 비해 현실은 정반대다.

다문화 자녀와 국민 전체의 취학률은 초등학교에서는 0.9% 차이에 그치나, 고등교육기관에서는 14.9%로 그 격차가 심화된다. 대학 진학을 앞둔 다문화 2세에 대한 진학과 취업 대책이 그만큼 절박하다는 증거다. 대학의 문턱을 낮추고, 자립과 재정적 지원을 확대하여 진학과 취업의 길을 넓히는 일이 다급한 현안으로 대두된다.

다문화 2세의 사회적 관계를 개선하고 이들의 성장배경과 성장주기에 적합한 맞춤형 고등교육을 담당할 주체로 대학만 한 적소가 없다. 사회의 다양성과 잠재력을 높이는 미래 인재로 성장할 수 있도록 사회성, 정체성, 리더십 확립을 위한 다문화 2세 교육에서 대학의 역할과 기능이 커지고 있다.

대학, 다문화 자녀 사회적 관계개선의 적소

대학에서 특성화된 다문화 교육시스템이 서둘러 가동되어야 한다. 당장 다문화 2세의 학업성취도에 대한 개선이 시급하다. 언어, 수리, 외국어 등에 대한 기초학습 프로그램을 운영하여 뒤떨어진 학업 수준을 끌어올려려야 한다. 중고교에서 다문화 학생에 대한 교육이 자원봉사 등 사회적 프로그램에 의지하는 측면이 크다 보니 수학 능력이 뒤지는 다문화 2세들이 적지 않다. 맞춤법 틀림은 예사이고 간단한 계산조차 힘들어한다.

사회적 관계를 회복시키는 교육도 절실하다. 질풍노도의 청소년기를 겪은 다문화 2세들이 대학 생활에서 교류하고 관계하는 자세와 방법을 익힐 수 있어야 한다. 멘토링과 상처치유 프로그램 등을 시행하는 한편, 일반 학생들이 다문화 2세들을 포용할 수 있도록 하는 인성교육도 병행되어야 한다. '잘해 주는 게 아니라, 똑같이 대해 주는 것'이 다문화 시대에 걸맞은 문화임을 자각해야 한다.

실무 중심의 전공 교육을 통해 향후 진로를 준비할 수 있는 커리큘럼이 요구된다. 창업교육, 진로 체험교육을 통해 현장에서 필요로 하는 실무처리 능력도 길러줘야 한다. 부모로부터 습득한 외국어 능력이나 각국의 문화를 활용하여 보다 전문적이고 차별화된 진로를 개척할 수 있도록 도와주는 컨설팅도 필요하다. 일반 학생들이 외면하는 중소기업에 취업할 경우 취업과 구인난이 동시에 해결되는 일석이조의 성과를 거둘 수 있다.

대학에서의 교육비용은 걱정하지 않아도 된다. 대다수가 기초생활수급자나 차상위계층에 해당되어 국가장학금으로 학비 부담 없이 공부할 수 있다. 기숙사 비용을 대학이 부담할 경우 경제적 문제는 어렵지 않게 해결될 수 있다. 정부는 이들 대학에 다문화 교육을 정부 지원사업으로 지정하고, 특례 입학, 구조개혁평가 우대 등 행정적·재정적 지원을 아끼지 말아야 한다.

다문화 문제는 '양날의 칼'과 같다. 방치하면 엄청난 우환질고(憂患疾苦)로 번질 수 있지만, 잘 관리하면 사회의 자산이 되고 국가경쟁력에 기여할 수 있다. 칼을 어떻게 쓰느냐는 우리의 선택에 달렸다. 남은 시간이 별로 없다.

05 황혼육아, '할마 할빠'들이 뿔났다

황혼육아의 경제학

우리는 '할마 할빠'다. 할머니, 할아버지가 손주를 대신 돌보는 이른바 '황혼육아'가 늘어나면 생겨난 줄임말 신조어다. 자식 길러 공부시키고 결혼시키면 끝이라고 여겼던 조부모에게 손주를 길러야 하는 황혼육아의 미션이 주어진 셈이다. 자식이 힘들게 사는 모습을 보면 안 도와줄 수도 없는 입장이어서 황혼육아는 자연스러운 사회현상으로 자리 잡아가고 있다.

나쁜 뜻으로 붙여진 이름은 아닌 듯하지만 그렇다고 당자자로서 그렇게 유쾌하게 느껴지는 용어도 아니다. 황혼육아의 처지를 주변에 드러내 놓고 자랑할 만한 일이 못 되는 듯해서다. 할 말은 하고 사는 세상이지만 할 말도 제대로 못하고 지내는 게 할마 할빠의 처지다.

맞벌이 자녀들을 대신해 아이들을 돌보는 일은 말처럼 쉽지 않다. 눈에 넣어도 아프지 않을 손자손녀와 함께 지내는 일은 분명 비할 수 없는 행복이다. 그러나 몇 년이고 '일로서 계속하라면 이보다 더한 극한직업이 없다. 어쩔 수 없는 현실 때문에 타의에 의해 손주 육아를 떠맡는 비자발적인 육아는 장시간 노동인 경우가 많다. 노년층의 건강을 해치고, 노후 설계를 방해하는 요인이 된다.

당장 육체적 고통이 만만치 않다. 무릎이나 손목에 부담을 주어 나이를 먹으면서 생기는 퇴행성 관절염이나 척추 질환을 악화시킨다. 수면 장애, 만성 피로, 식욕 저하, 소화 부진은 기본이다. 양육 방법을 두고 자녀와 불거지는 갈등에서 오는 정신적 스트레스도 무시하기 어렵다. 심하면 우울증으로까지 번진다. 오죽하면 '손주병'이라 부르겠는가.

남들은 이를 대수롭게 여기지만 당사자들로서는 말 못 하는 '직업병'이다. 아이를 돌보느라 병원 갈 시간조차 내기 어렵고, 자식들 걱정할까 봐 내색도 못 하고 끙끙 앓으면서 하루하루를 견뎌낸다. 늙어서 내가 왜 이 고생인가 하는 한탄이 절로 난다.

황혼육아의 경제적 기능과 역할

대접이라도 괜찮으면 그나마 다행이다. 무급이 기본이고 이따금씩 건네 오는 몇 푼의 용돈이 고작인 경우가 대부분이다. 한 통계에 따르면 우리나라 조부모가 손주를 키워주며 자식들로부터 받는 '수고비'는 월평균 62만 원 정도에 그치는 것으로 나타났다. 자녀로부터 아무런 대가를 받지 못하는 비율이 61.4%나 되었다.

최저임금이나 주당 근무시간 준수는 말조차 꺼내기 힘들다. 육아정책연구소에 따르면 조부모의 양육시간은 평균 주당 42.53시간으로 근로자의 법적 근로시간인 주당 40시간을 넘어섰다. 손주 양육을 조부모에게 의지해야 하는 이 같은 한계 상황이 언제까지 지속될 수 없다. 맞벌이가 필수로 여겨지는 요즘, 황혼육아는 한 가정의 문제를 넘어 사회적 이슈도 대두되고 있다. 더 이상 개인과 가정의 문제로 방치할 게 아니라 사회적 관심과 함께 정책적 지원이 시급한 시점이다.

보건복지부의 '2015 전국 보육실태조사'에 따르면 자녀의 양육을 조부모에게 맡기고 있는 가정의 비율 65.6%로 나타났다. 부부 10쌍 중 여섯 쌍 이상이 육아를 부모에게 맡기고 있는 현실이다. 2016년 기준으로 맞벌이 가구 533만 가운데 90.2%가 자녀 양육에 조부모의 도움을 받고 있는 현실에서 이를 위한 대책 마련은 더 이상 '먼 미래'의 얘기가 아니다. 이미 발등에 떨어진 불이다.

황혼육아의 경제적 기능과 역할은 다양하다. 첫째 우선 양질의 일자리 창출에 크게 기여하고 있다. 조부모들이 손자녀의 양육에 나서는 것은 젊은 부부들이 직장을 그만두고 육아에 집중하기에는 경제적 형편뿐 아니라 경력 단절 등으로 인해 향후 재취업이 여의치 않아서라는 개인적 사유임에는 틀림없다. 그러나 다른 한편으로는 양질의 젊은 인적자원들을 안정적으로 공급될 수 있도록 후원함으로써 국가 경쟁력 제고에 기여하고 있다는 점이다.

둘째 저출산 대책으로 유효한 수단 중의 하나라 할 수 있다. 육아에 대한 부담 경감은 출산율을 제고시켜 인구감소를 막고 여성의 경력단절도 막아주는 다기능을 수행하는 제도다. 경력 단절 여성이 200만 명이 넘는 것은 사실 아이를 낳은 뒤 키울 방법이 마땅하지 않은 데 따른 영향이 크다.

셋째, 황혼육아는 젊은이들과 일자리 충돌도 없다. 고령사회로의 진입, 베이비부머의 노동인구 편입, 정년 연장 등으로 고령자의 노동참여 욕구가 커지는 가운데 노령 인구가 젊은 층의 일자리를 대체하는 현실에서 황혼육아는 오히려 젊은 층 일자리를 뒷받침하는 긍정적 역할을 수행한다.

황혼육아 지원의 경제학적 근거

황혼육아에 대한 정부의 지원의 필요성에 대한 이론적 근거도 차제에 확실하게 해 둘 필요가 있다. 일반적으로 가사 업무는 무급으로 이루어진다. 일정한 가사 업무에 수요가 커지게 되면 이를 충족할 공급이 생기게 되고 여기에 수익성까지 확보되면 시장이 형성된다. 반대로 수요는 있으나 수익성을 확보할 수 있는 공급이 뒤따르지 못할 경우 해당 서비스는 가사로 남게 된다. 청소, 세탁, 만찬 만들기 등의 서비스가 전자의 경우라면, 육아 서비스는 후자에 해당된다.

사회적으로 꼭 필요한 서비스임에도 개인적으로 감당하기 힘들거나 수익성이 확보되지 못해 시장화가 완전하게 이루어지지 못하는 이른바 시장실패(market failure)에 대해서는 정부가 나서야 하는 정책영역에 해당된다. 육아의 경우 이를 수행하는 있는 경제 주체, 즉 조부모에 대한 정부의 지원이 필요한 경제학적 이유다.

더욱이 황혼육아는 공보육의 정책적 공백으로 인해 빚어진 현상이 아닌가. 국가 보육시스템이 완비되기 전까지 조부모의 양육서비스에 대한 법적·정책적 지원이 필수적이다. 어린이집 보육료는 지원하면서 조부모의 육아는 당연한 것으로 여기는 정부의 태도는 이해하기 어렵다. 그나마 희소식은 손자녀를 보호·양육하는 조부모에게 수당을 주는 내용의 '아이돌봄 지원법' 개정안이 만들어진다는 점이다. '조손(祖孫) 수당'의 근거법이다.

06 전통시장, 떠나는 고객을 잡아라

고질적인 경영난에 빠진 골목 상권

지방선거가 끝나면서 전통시장이 고요하다. 북새통을 벌이던 정치 철새들이 빠지면서다. 평소에는 굽어보지도 않던 출마자들이 선거철만 되면 지지자를 이끌고 시장에 나타난다. 낯모르는 사람도 막역한 지기인 양 반갑게 악수를 청한다. 셀카도 같이 찍고, 길거리 음식을 시식하며 친한 척 갖은 행세를 다 한다.

전시성 선거운동이 상인들로서는 유쾌할 리 없다. 속내가 뻔히 보이지만 취재 카메라까지 동원된 터라 불편한 내색조차 못 한다. '서민이 잘사는 세상을 만들어 달라'는 맘에도 없는 인사치레까지 건네야 한다. 다들 재래시장 활성화를 약속하지만 그때 뿐이다. 선거전 공약(公約)은 곧 선거 후 공약(空約)이 된다는 걸 모르는 바 아니다. 당선자나 낙선자나 다음 선거 때까지는 얼굴조차 내비치지 않을 거라는 것도 모두가 다 안다. 짜증 나는 민폐에 신물이 난다.

골목 상권이 어려운 건 어제오늘 일도 아니다. 스스로 명맥을 이어나가기조차 힘든 상황에 이른지 오래다. 개중에는 잘되는 곳도 있지만, 이는 극소수에 불과하다. 대기업이 포진한 대형마트나 편의점이 속속 들어서면서 대다수 지역 상권이 신음 중이다. 막강한 자본력과 첨단의 고객관리를 앞세운 이들을 당해낼 재간도 더 버틸 여력도 없다.

정부 지원이 부족해서가 아니다. 2005년 전통시장 및 상점가 육성을 위한 특별법이 제정된 지도 어언 14년째다. 전통시장과 상점가의 시설 및 경영의 현대화, 시장 정비 촉진을 통한 지역상권의 활성화, 유통산업의 균형 있는 성장을 도모하기 위한 제도적 기반이 마련된 지 오래다. 그간 중앙정부, 지자체와 관련 기관들도 할 만큼 했다. 빠듯한 예산 형편에 전통시장 활성화 사업이 간단없이 시행되었고 예산도 대거 투입되었다. 다만 투입에 비해 초라한 산출이 문제다. 여전히 경영난에 시달리는 전통시장의 현주소가 이를 잘 방증한다.

실종된 서비스 정신

안 되는 일에는 이유도 많다. 낙후된 시설, 불편한 환경, 마케팅과 홍보 부족, 금융 소외, 지역경제 침체 등이 전통시장 활성화의 장애물로 꼽힌다. 정부와 지자체들이 시설 현대화, 온누리상품권 발행, 저금리 융자, 화재 등 안전시설 마련 등을 서둘렀던 것도 이런 이유에서다. 민심이 표심인지라 자치단체장들도 전통시장 활성화를 위한 조례를 앞다퉈 만들고, 국회의원들도 법안 발의에 발 벗고 나섰다.

덕분에 하드웨어 부분은 예전과 비교하면 상당히 개선되었다. 소프트웨어 부분은 아직도 미진한 편이다. 전통시장을 외면하는 소비자들이 제기하는 불만의 태반도 고객서비스 관련 내용이다. 낮은 품질 수준을 지적하는 목소리가 그중 크다. '시장물건=저(低)급품'의 인식이 여전하다. 식료품 품질에 대한 지적은 단골 메뉴다. 백화점에서 산 채소는 1주일을 보관해도 성성한데, 전통시장 채소는 2, 3일만 지나면 시들어 버려야 한다는 볼멘소리다.

고객서비스는 아예 없다는 혹평이다. 오늘 물건을 팔면 그만이고 내일은 없는 듯 대하는 점주들의 행태를 비난하는 언어다. 물건을 건네주고 빼앗듯 돈을 챙기는 순간 다른 손님으로 눈길을 돌리기 예사다. 감사하다는 인사조차 듣기 어렵다. 품질을 위장하고 부피나 무게를 속이는 행태 또한 그대로다. 원산지 표시도 잘 지키지 않는다. 국산으로 둔갑한 외국산 제품이 판을 친다. 게다가 나 어린 젊은이들에게는 툭하면 반말이다. 자기들 딴에는 다정함의 표현인지 몰라도 듣는 사람은 영 거북하다. 대형마트에 가면 황제처럼 대접받는데 퉁명스러운 응대가 기분 좋을 리 없다.

손님 유치, '출사표(出師表)' 던진 전통시장

신용카드 결제라도 할라치면 상인의 눈치까지 살펴야 한다. 현금을 주면 깎아 주겠다는 요구를 대놓고 한다. 점포 환경도 취약하다. 생선 등 신선식품이 상온에 노출되고, 건어물 주변에는 파리들이 배회하기 일쑤다. 요식업소의 위생상태도 합격점 미달이다. 그렇다고 어디 가격이나 파격적으로 싼가. 도리어 잘 살펴보지 않고 구매했다가는 바가지 쓰기에 십상이다.

소비자 입장에서는 제품이 좋고 가격도 저렴하고 유통조건이 편리한 상품을 구매하게 마련이다. 이런 점에서 전통시장이 반성하고 개선해야 할 점들이 적지 않다. 제품(product), 유통경로(place), 가격(price), 촉진(promotion) 등 이른바 마케팅 4P 요소 중 어느 하나 내세울 게 없다. 경쟁 유통채널보다 우위 요소가 사실상 전혀 없는 형편이다. 백화점 쇼핑, 인터넷 구매, 해외 직구에 서툰 중장년층이나, 어쩌다 온누리

상품권이나 생겨야 전통시장을 찾는 소비층만으로는 경쟁력 확보는커녕 생존조차 어렵다.

당연히 지역 상권 스스로의 뼈를 깎는 자구노력이 선행되어야 한다. 고객서비스 제고를 위한 환골탈태의 노력을 서둘러야 한다. 결코 우물쭈물 넘길 사안이 못 된다. 정부와 지자체, 관련 기관들 또한 이런 상인들의 노력을 적극적으로 뒷받침해야 한다. 전통시장이 당면한 긴급 현안은 시장 및 상점가의 활성화, 상업기반 시설의 현대화, 시장정비 사업 등 보다 경영의 현대화다.

차제에 '전통시장' 명칭 변경도 검토해 봄 직하다. 지금의 명칭도 2010년 전통시장법 개정에 따라 '재래시장'에서 바뀐 것이다. 두 명칭 모두 낡고 고루한 이미지를 주기는 마찬가지다. 과거로 회귀하는 '올드'한 느낌이 진하다. 브랜드 선호도가 크고 유별나게 감성적인 현대 소비자를 유인하기엔 역부족으로 보인다. 미래 지향적이고 참신한 이미지에 걸맞은 새로운 명칭이 요구된다. 이름과 실상이 꼭 들어맞는 명실상부한 현대화된 시장으로 거듭남이 긴요하다. 그래야 떠났던 고객이 돌아오고, 지역 주민의 삶이 깃든 상거래 공간으로 빠르게 회복될 수 있다.

07 과거를 잊으면 미래는 오지 않는다

전임자의 사업을 없애는 정치 관행

우리만큼 아쉬움의 정서가 많은 국민도 없을 듯싶다. 많은 사람들이 지나간 일에 대해 미련을 쉽게 떨치지 못하곤 한다. 못내 아쉬워하고 지나칠 정도로 안타까이 여기는 때가 많다. "어렸을 때 부모님이 제대로 뒷받침만 해주었더라면 지금보다 편안하게 살 수 있을 텐데." "작년 말에 샀던 주식을 안 팔고 그대로 갖고만 있었어도 최소한 2배는 벌었을 텐데." "수능 점수가 몇 점만 더 올랐어도 일류 대학, 희망 학과에 들어갈 수 있었을 텐데." 아쉬움과 억울함을 평생 가슴에 담고 사는 '텐데 문화병' 환자들이 적지 않다.

물론 추억만큼 즐거운 일도 없다. 기뻤던 일은 기뻤던 대로, 힘들었던 일은 힘들었던 대로 생각만 해도 엔도르핀이 펄펄 넘친다. 어느새 마음은 동심으로 그 옛날을 내달린다. 모여 얘기라도 나누노라면 시간 가는 줄도 날이 새는 줄도 모른다. 추억의 그리움은 삶의 활력소다.

다정도 병인 양, 추억도 지나치면 문제가 된다. 과거에 대한 지나친 집착은 그만큼 현실 인식을 어렵게 한다. 부모가 고등교육을 시키지 않았던 사실을 불만족스런 현실의 발단으로 여긴다. 실패한 주식투자를 빈한한 살림살이 탓으로 돌리게 한다. 그런가 하면, 기대만큼 안 나온 수능 결과 때문에 마음에 없는 대학에 다니게 된 사실을 후회하게 만든다. 이쯤 되면, 과거는 부정과 원망, 그리고 탄식의 대상일 뿐이다.

알고 보면 과거만큼 소중한 것도 없다. 자신의 삶과 체험은 무엇과도 바꿀 수 없는 귀중한 재산이다. 오늘을 있게 해준 가장 큰 원동력임을 누구도 부인하기 어렵다. 따라서 이를 잘만 활용하면 미래 설계를 위해서도 얼마든지 든든한 토대가 될 수 있다. 이토록 값진 과거 속의 가치들이 텐데 문화 증후군으로 옥석구분 없이 버려진다면 평생의 손실임에 틀림없다.

과거 속의 가치들은 평생의 자산

과거는 그 자체만으로도 무한한 가치를 창출해내기도 한다. 이탈리아 피렌체가 그 예이다. 피렌체는 르네상스의 발상지이다. 르네상스는 이탈리아어로 'Rinascimento'로 원래는 '재생'의 의미이나, 15, 6세기에 걸쳐 이탈리아를 중심으로 발생한 문화운동을 가리키는 말로 정착되었다. 지금도 이 도시에는 근대적인 빌딩을 찾아보기 어렵다. 16세기 이후 시간이 멈춰 버린 모습으로, 거리 전체가 말 그대로 중세 미술관이다.

겨울은 난방이 잘 안 되어 얼어붙은 듯이 춥고, 여름은 바람이 통하지 않아 찜통처럼 덥다. 그럼에도 불구하고 사시사철 세계 각국에서 문화예술가, 관광객들이 몰려온다. 도시를 찾는 사람들은 정오를 알리는 사원의 종소리에도 감동하고, 두오모 성당의 몇백 계단을 땀을 뻘뻘 흘리며 오르면서도 힘들어하지 않는다. 심지어 쿠폴라에서 날아오르는 비둘기 떼에도 방문자들은 탄성을 연발한다. 중세의 도시경관이 연출해내는 문화적 가치 때문이다.

과거 부정 중상의 창궐은 금융계에서도 예외는 아니다. 언제부터인가 금융 현실은 바꾸기 일색이다. 잘 운영되어왔던 제도나 사업은 물론, 전략과 관행 등이 일거에 폐기처분되기 일쑤다. 같은 금융회사 내에서도 해가 바뀌거나 경영진만 교체되어도 으레 제도나 관행들이 일순 뒤집히곤 한다. 전임자들의 경영방식이나 관리스타일은 일단 버리고 보는 게 후임자의 '당연한 책무'로 이해하는 경영자들마저 적지 않다.

비유로 설명하면 실감이 더한다. 수출입은행의 '히든 챔피언' 사업이 그렇다. 히든 챔피언은 기술력과 성장 잠재력이 큰 글로벌 중소·중견기업을 발굴해 지원하는 프로젝트로, 지난 2009년 취임한 당시 은행장의 역점 사업이다. 독일의 히든챔피언 개념을 차용해 한국형 강소기업을 육성하기 위해 도입한 제도다. 사업이 출시되자마자 최고의 금융지원 제도로 인기가 치솟았다. 이에 뒤질세라 다른 금융회사들도 너도나도 앞 다퉈 벤치마킹에 나서 유망 중소·중견기업에 대한 지원 사업이 러시를 이룰 정도였다.

후임자가 없애면 역사는 멈춘다

사업이 개시된 이후 3년간 히든 챔피언으로 선정되는 업체 수가 폭증했다. 그러나 성장은 거기까지였다. 2012년 이후 선정 실적이 감소세로 돌아섰고 2013년과 2014년에는 각각 55개, 33개 기업이 선정되는 데 그쳤다. 2015년과 2017년 들어서는 아예 선정된 기업이 전무했고, 2016년에 단 4개 기업만 뽑힌 것으로 나타났다. 제도를 만든 은행장이 떠나면서 관심이 시들해졌고 2014년 모뉴엘 대출사기 사건이 발생하면서 사업이 작동을 멈추었다.

설상가상으로 국정감사에서 이명박 전 대통령이 실(實)소유주라는 의심을 받고 있는 다스가 결정타를 날렸다. 히든챔피언 후보 기업 선정과 특혜 대출지원 의혹까지 불거지면서 사업은 고사 상태에 이르렀다. 기관장이 부임할 때마다 본인 업적을 쌓기 위해 선심성 사업을 새로 벌이는 것도 문제지만, 전임자가 만든 제도나 사업을 후임자가 무작정 없애는 것은 더 큰 잘못이다. 시간과 인적·물적 자원의 낭비와 비효율만 초래할 뿐 효과는 기대하기 힘들다.

새로운 제도나 사업 일변도의 접근만이 능사가 아니다. 이미 시행되었던 사업 중에서 쓸 만한 것을 골라 되살리는 '리사이클링' 방식에도 분명 장점이 있다. 남이 해놓은 것은 버리고 내 것만 쫓는 경영은 최강만이 살아남는 작금의 경영환경에서 통할 리 없다.

과거에 대한 아쉬움(悔)은 그 속성상 두 가지 방향으로 진행된다. 한탄으로 이어지면 회한(悔恨)이 되고, 개선 쪽으로 결실되면 회개(悔改)로 변한다. 출발은 같으나 결과는 판이해진다. 회개된 과거는 시간이 흐를수록 가치를 발하는 전통이 되고 역사가 된다. 전임자가 만들고 후임자가 없애면 역사는 멈춘다. 과거를 잊은 민족에게 미래는 없다.

08 부(富)의 통계학, 이제는 다시 써야 할 때이다

골고루 잘사는 '보편적 행복'이 대한민국 경제 좌표

통계학은 난해하다. 제대로 학습하자면 상관관계부터 이해해야 한다. 두 가지 변수간의 상호 관련성을 알아보는 통계적 기법이다. 두 변수 중 한쪽이 증가함에 따라 다른 한쪽이 증가 또는 감소할 때 두 변수의 관계를 말한다. 상관분석으로 처리되는 통계적 추론은 다양한 시사점을 제공한다. 특히 소득과 사회 현상과의 상관관계는 자못 흥미진진한 결과를 도출하곤 한다.

건보공단의 2017 비만 백서의 분석결과에 따르면, 소득이 높을수록 남성은 뚱뚱하고 여성은 날씬한 것으로 나타났다. 소득이 높을수록 여성은 건강관리에 힘쓰는 반면, 남성은 그렇지 못하거나 오히려 건강에 소홀하다는 풀이가 가능하다. 다만 돈 없는 여성은 뚱뚱해지기 마련이라는 편견으로 자칫 비화될 수 있으니 통계 인용에 주의가 필요하다.

국세통계연보 자료에 의하면, 소득이 높을수록 기부금을 더 많이 내는 것으로 조사되었다. 종합소득세 신고자 중 기부금공제를 신고한 납세자의 비율은 16.3% 수준이지만, 소득금액 1억 원 초과 고소득자만 계산할 경우 그 비율이 51.0%에 이른다. '광에서 인심 난다'는 속담처럼 제 살림이 넉넉해야 남도 도울 수 있음을 새삼 확인케 된다. 가난한 서민 입장에서는 듣기 거북하고 자존심 상하는 자료일 수 있다.

238

국세청은 눈치도 없다.

'한국 가족·친족 간 접촉 빈도와 사회적 지위 양상'의 논문(정재기 2007)은 또 다른 재미를 선사한다. 부모 소득이 높을수록, 자식들이 더 자주 찾아온다는 내용이다. '돈이 있어야 아들, 딸들이 찾아온다'는 옛말이 틀린 게 하나 없다. 부모 소득이 1% 높아지면 부모와 자녀가 1주일에 한 번 이상 만날 가능성이 2.07배 높아진다는 통계다. 경제협력개발기구(OECD) 조사대상 회원국 중 한국만 유일하게 부모 소득이 높을수록 자녀들이 자주 찾아온다는 사실이 씁쓸하다. 남의 일로 들리지 않는다.

건강, 효도, 연애도 소득이 높아야

연애 또한 '부익부 빈익빈'이라는 조사다. 연애 경험도 소득이 높을수록 더 많은 것으로 나타났다. 듀오휴먼라이프연구소에서 '연애와 행복인식 보고서'에서 발표된 바다. 보고에 따르면 연애 횟수는 소득이 증가할수록 비례하는 경향이 뚜렷했다. '지금까지 연애를 몇 번 해보았느냐?'는 설문에 연봉 2천만 원 미만의 남녀는 각각 3.0회, 3.6회라고 답한 반면, 4~5천만 원의 연봉을 받는 남녀는 각각 4.8회, 4.7회라고 응답했다. 아무리 황금만능의 풍조라지만 연애에서도 예외가 아닌 세태가 못내 서글프다.

심지어 소득 수준은 먹는 것까지 차별한다. 소득이 높을수록 싱겁게 먹는다는 조사결과다. 소득 하위 25%가 상위 25%보다 하루 나트륨을 34mg 더 섭취한다는 인제대 서울백병원 구호석 교수팀이

2008~14년 국민건강영양조사에 참여한 3만 107명을 대상으로 한 자료다. "소득이 낮을수록 식사가 불규칙하고 라면과 같은 인스턴트 음식을 많이 섭취할 가능성이 높을 것으로 보인다"는 해석까지 딸려 있다.

중요한 건 돈이 있고 없고의 절대적 빈곤의 문제가 아니다. 소득의 많고 적음에 따른 상대적 빈곤에서 파생되는 현상이다. 국민소득 3만 달러에 근접한 대한민국은 절대적 빈곤의 굴레에서 벗어난 지 오래다. 지금부터라도 돈벌이의 절대치를 올리려는 노력 못지않게 부의 불평등 해소에 더 많은 정성을 쏟아야 한다. 배고픈 건 참아도 배 아픈 건 참기 어렵다.

부의 공정한 배분이 공동체 발전의 필수 요소

그렇다고 돈이 행복을 좌우할 수는 없다. 진정한 행복은 돈으로 살 수 없다. 네덜란드 속담에 '돈으로 집은 살 수는 있지만 단란한 가정은 살 수 없고, 침대는 살 수 있지만 잠은 살 수 없다. 시계는 살 수 있지만 시간은 살 수 없고 책은 살 수 있지만 지식은 살 수 없다. 또 약을 살 수는 있지만 건강은 살 수 없고 피를 살 수는 있지만 생명을 살 수는 없다'고 했다.

돈벌이 못지않게 중요한 게 부의 공정한 배분이다. 1960년대 이후 정부 주도의 불균형 성장정책으로 우리나라 국민소득은 빠르게 증가했다. 1인당 국민소득도 크게 상승했다. 소득은 늘었어도 구조적인 모순에 따른 절대 빈곤은 여전하다. 분배구조 잘못에 따른 양극화로 인한 상대적 빈곤 또한 심화되는 형국이다.

소득의 계층별 분배 상태를 표시하는 소득분포 및 소득집중도 역시 악화일로다. 상위 10%의 소득집중도가 자그마치 44.87%를 차지한다. 선진국에 비해서도 지나친 편중구조다. 계층 간 소득불균형은 절대적 소득증가에도 불구하고 상대적인 박탈감과 상실감을 가중시킬 뿐이다. 급기야 공동체 발전을 저해하는 해악으로까지 작용한다. 극심한 소득불평등과 저임금 노동자의 인간다운 삶을 위한 현 정부의 최저임금 인상 정책도 일자리 감축으로 이어질 경우 빛이 바랠 수밖에 없다.

일부만 잘되는 '선택적 행운'보다는 골고루 잘사는 '보편적 행복'이 당연히 바람직하다. '최대다수의 최대행복'이야말로 세계 경제 12위권 반열에 오른 대한민국 경제가 나아갈 비전이자 좌표가 되어야 한다. 성장 위주로 기술된 부의 교과서는 분배와 균형이 적절히 가미된 새로운 교과서로 다시 집필되어야 한다.

09 근로시간 단축, '코리아 엑소더스'가 해법인가?

최저임금, 노사정의 큰 틀 사회적 합의로

최저임금 인상과 근로시간 단축에 대한 언론의 시각은 다분히 편파적이다. 정부의 고비용 고용정책에 따라 기업들의 비용 구조가 나빠져 견디기 힘들다는 단견 일색이다. 기업들 말만 듣고 쏟아내는 한결같은 반대 의견이다. 여기에 정작 근로자들의 목소리는 쏙 빠져있다. 해법으로 제시하는 전문가들의 주장도 원론적 수준에 그치고 있다.

기업이 힘든 건 모두가 아는 사실이다. 국내에서 사업이 힘들어 해외로 이전을 결심하는 기업들이 늘고 있는 것 또한 사실이다. 최저임금 인상과 근로시간 단축 등 노동환경 변화로 '코리아 엑소더스' 바람이 거세다. 그간에는 노동집약 업종을 중심으로 해외이전 움직임이 주류였다면 최근에는 반도체 소재 등 첨단기술 업종으로까지 확산되는 모양새다.

근로시간 단축을 '주 52시간 이상 일 시키면 불법이니 지키지 못할 거면 떠나라'는 신호로 받아들이는 기류가 기업들 간에 팽배하다. 경기는 갈수록 위축되는데 "정부가 노동자 편만 들고 기업인은 외면하는데 굳이 이 땅에서 사업을 할 이유가 없다"는 불만들이다. 여태까지는 시설 자동화 등으로 근근이 버텼지만 최저임금 인상과 근로시간 단축이 맞물리면서 더 이상 경쟁력을 보전키 어렵다는 판단에서다. 해외직접투자가 2017년 437억 달러로 전년 대비 11.8% 늘었고, 3년 전에 비해 152억 달러나 급증한 것도 이런 현실과 무관치 않다는 해석이다.

　근로자들이라고 할 말이 없는 게 아니다. 살아가면서 아무리 돈이 좋아도 일만 하고 살 수 없다는 입장이다. 일부 근로자들의 경우에는 연장 근로라도 해야 먹고 살 수 있는 딱한 형편인 것도 현실이다. 이처럼 다들 각기 다른 형편들을 고려해 나온 그나마 고육지책이 단계적 추진을 예고한 '근로시간 단축'임을 십분 이해할 필요가 있다.

기업 말만 '앵무새'처럼 대변하는 언론

　OECD 통계자료에 의하면 우리나라는 회원국 중 멕시코, 코스타리카에 이어 세 번째로 일 많이 하는 나라다. 한국 근로자의 연간 평균 근로시간은 2,069시간에 이른다. OECD 회원국의 평균 근로시간이 1,763시간인 것과 비해 연간 306시간이 더 많다. 그런 점에서 한국의 근로시간 단축 시행은 국가 경제 수준에 비할 때 오히려 늦은 감이 없지 않다.

　기존 근로기준법에서는 주말과 같은 휴일은 근로일에 해당하지 않았다. '평일 40시간+평일 연장근로 12시간+휴일(주말) 근로 16시간'을 포함해 1주일에 총 68시간 근무를 해도 법적으로 문제가 없었다. 2018년 7월부터는 휴일근무도 연장근무에 포함된다. 이에 따라 평일과 휴일 구분 없이 연장근로는 주당 12시간만 허용된다. 주당 근로시간이 기존 68시간에서 52시간으로 16시간이 줄어든 것이다.

기획재정부와 고용노동부의 조사에 따르면, 현재 장시간 노동자는 103만 3천명으로 이들의 평균 근로시간은 주 58.9시간에 달한다. 이들의 근로시간을 주 52시간으로 단축 시 예상되는 신규 채용은 13만 7천명에서 17만 8천명까지 가능할 것이라는 추산이다. 물론 근로시간이 줄어드는 만큼 기존 근로자의 임금도 1인당 월 34만 천원이 감소될 것으로 예상된다.

이에 따라 정부가 일자리 함께하기 사업을 통해 신규채용 인건비와 재직자 임금보전 비용을 지원한다. 법정시행일보다 6개월 이상 선제적으로 노동시간을 단축한 300인 미만 기업에 대해 고용노동부가 신규채용 1인당 인건비를 기존 80만 원에서 월 최대 100만 원까지 지불한다. 노동시간 단축으로 인한 기존 재직자의 감소 부분도 1인당 최대 40만 원까지 3년간 지원한다.

"기업은 힘들고 근로자는 쉬고 싶다"

주 52시간 근로도 적은 게 아니다. 평일 5일을 기준하면 하루 평균 10시간 30분이다. 오전 9시 출근해 점심시간과 저녁시간 각각 1시간씩을 빼면 오후 9시 30분까지 일해야 한다. 퇴근 후 1시간 정도 걸려 집에 도착하면 밤 10시 30분이다. 씻고 잠자리에 들면 자정이다. 다음 날 출근하려면 아침 6시에는 기상해야 한다. 조식을 마치고 서둘러야 정시 출근이 가능하다. '저녁이 있는 삶'은커녕 '아침도 없는 삶'이다.

오래 일한다고 꼭 좋은 것만도 아니다. 피로가 누적된 상태로 작업을 계속할 경우 능률 저하는 필연적이다. 급기야 산업재해나 직업병으로 표출될 공산이 더 커진다. 이렇게 할 경우 사무직 근로자도 힘든데 육체노동자에게는 치명적인 해가 될 수 있다. 결국 근로자나 사용자 모두에게 득이 되지 않는다.

근로자도 각성해야 한다. 근무시간 중에는 오로지 업무에만 몰두해야 한다. 업무를 하면서 휴대전화를 사용하거나 잡담이나 흡연 등으로 소일해서는 곤란하다. 근무지를 무단이탈하거나 인터넷 등으로 사적 용무를 보는 일도 없어야 한다. 하루 8시간을 밀도 있게 일하면 10시간 30분만큼 일한 것 이상의 성과를 올릴 수도 있다.

정부도 중장기적으로는 고부가가치 산업만 국내에 남기고 노동집약적 사업은 해외로 진출시키는 정책을 펴나가야 한다. 섬유·봉제·피혁 등 인건비 비중이 높은 업종이나, 24시간 공장을 가동해야 납기를 맞출 수 있는 사업은 금후의 우리 노동환경에 안 맞는다. 이런 기업들은 해외로 이전시킬 수밖에 없다. 선진국에서 이런 업종들을 찾아보기 힘든 이유다.

근로에 대한 시각도 새롭게 해야 한다. 우리도 일과 삶의 균형, 이른바 워라밸 구현을 시도할 때가 되었다. 근로 단축은 OECD 국가 반열에 오른 대한민국 근로자가 누려야 할 당연한 권리로 받아들여야 한다. 아울러 주어진 업무를 소명처럼 여기고 업무에 최선의 노력을 기울여야 하는 신성한 의무라는 점도 근로자들은 유념해야 하다. 노사정이 함께 큰 틀에서 사회적 합의를 이끌어내야 한다. 그게 모두 윈윈하는 길이다.

10 채용 비리, 공공기관의 오만함이 조직을 망친다

사람 가벼이 여기는 오만한 사고부터 고쳐야

해도 너무했다. 짐작은 했지만 이 지경인 줄은 몰랐다. 공공기관과 금융권의 채용 비리 특별점검에 대한 발표가 믿기지 않는다. '비리 백화점'이라는 비난이 틀린 말이 아니었다. 인사시스템은 있으나마나 했고 심사위원은 들러리에 불과했다. 기회 평등의 염원은 송두리째 내팽개쳐졌다. 규모 면에서도 역대급이다. 15개 부처 산하기관 1,190개 중 80%에 해당하는 946곳에서 4,788건의 채용 비리가 무더기로 쏟아졌다. 68곳은 수사의뢰까지 되었다. 비리의 민낯은 실로 가관이었다.

고위 인사가 찍어주면 합격이었다. 직무와 무관한 경력자 채용은 예사였다. 커트라인을 낮추고 면접은 짬짜미로 진행되기 일쑤였다. 낙하산 앉히려고 기존 직원에 권고 사직시키는 일도 흔했다. 합격자 수를 늘리고 점수를 조작하고, 면접위원이 아닌데도 면접장에 들어가 질문을 해 가점을 주었다. 윗사람 한마디에 합격은 번복되었다. 채용이 부결되면 인사위원회가 또 열렸다. 계약직으로 뽑은 후 정규직으로 전환하는 수법은 이미 고전적 수법에 속했다.

전·현직 간부 자녀의 특혜 채용은 일상이었다. 고위직 자녀의 경우 지원 서류를 안냈는데도 합격시키고, 특정인을 위해 단독 면접까지 실시했다. 지인 합격을 위해 면접관에게 "이런 질문하라"고 문자까지 보낸 기관장도 있었다. 명문대 출신 7명을 뽑기 위해 이들의 면접점수를 올려 합격시키고, 합격권의 타 대학출신 지원자들의 점수를 깎아 탈락시키는 대담함도 선보였다. 청탁이 쇄도하다보니 명부를 관리하면서 수십 명을 합격시킨 간 큰 은행장도 등장했다.

채용 비리에 관한한 더 이상의 수법이 나올 게 없을 정도로 기상천외의 '꼼수'들이 망라되었다. '신의 직장'이라 불리는 공기업에서 최소한의 도덕성은 고사하고 일말의 죄의식조차 없었다. 조직을 망치려고 작정하지 않고서는 저지르기 힘든 작태가 버젓이 연출되었다. 채용 비리가 이 정도일진대, 이번 조사대상에서 빠졌기 망정이지 승진이나 이동 비리도 못지않을 것으로 짐작된다. 혹시라도 해외토픽으로 나라밖에 알려질까 두렵고, 국내 기업들의 학습 자료가 되지 않을까 걱정이다.

채용 비리는 기관 해치는 자해(自害)행위

심각한 문제는 따로 있다. 채용 비리는 인사관리 실패에 그치지 않는 점이다. 기관을 해치는 자해 행위라는 사실이다. 경쟁은 노력을 불러오고 노력은 성과로 나타나기 때문이다. 경영의 신(神) 마쓰시타 고노스케는 '사업은 사람이 전부다'라는 말로 비즈니스의 본질을 명쾌히 정의했다. 조직은 사람을 중심으로 발전하며 성과 또한 적절한 사람을 얻고 쓰는 것과 밀접한 연관이 있음을 강조했던 경구(警句)다. 비즈니스도 '사람 장사'라는 얘기다.

전통 있는 기업이나 좋은 아이템을 가진 회사라 하더라도 그 전통과 품목을 감당할 수 있는 인재가 확보되지 못하면 쇠락하게 마련이다. 부하직원을 대하는 경영자의 마인드나 태도 역시 경영의 핵심 변수로 작용한다. 경영자 입장에서는 자신보다 우수한 직원에게 일을 맡겨야 하는데도, 자기보다도 못한 사람을 뽑아 일을 맡기며 지시하고 참견하다 보니 일을 그르치고 만다. 글로벌 선진 기업들이 '인재 양성'을 최우선 경영과제로 설정하고 '사람을 찾고, 키우고, 능력을 살려 쓰는데' 심혈을 기울이는 이유다.

좋은 사람을 발 벗고 찾아나서도 시원찮을 판국에 제 발로 찾아오는 인재마저 쫓고 있는 조직의 미래가 보장될 리 없다. 상당수 공공기관의 경우 성과가 미진하고 국민적 신뢰를 얻지 못해온 데에는 인재경영의 중요성을 망각한 경영자들의 잘못이 가장 크다.

주나라 주공(周公)의 '일목삼착(一沐三捉)', '일반삼토(一飯三吐)'

인재욕심 많기로는 중국 고대 주나라의 주공(周公) 만한 사람이 없다. 수많은 사람들을 만나 네트워크를 만들고, 인재를 찾으면 등용을 위해 최선을 다했다는 사기(史記)의 기록이다. 하루에 70여 명의 사람을 만난 적이 있을 정도로 인재에 대한 관심이 컸고, 인사관리 능력 또한 탁월했다. 그는 아들 백금에게 '일목삼착(一沐三捉), 일반삼토(一飯三吐)'라는 명구로 인재관리의 노하우를 전수했다.

"한 번 머리를 감다가 세 번이나 머리카락을 움켜쥐고, 밥 한 끼를 먹다가 먹던 것을 세 번 뱉어내다"라는 뜻이다. 주공은 머리를 감다가도 손님이 찾아오면 감던 머리채를 붙들고 손님맞이에 나섰고, 식사 중에도 내방객이 있으면 세 번이나 먹던 것을 뱉어내고 영접했다는 일화다. 공자가 그를 가장 바람직한 정치가로 꼽았던 배경도 여기에 있었는지 모른다.

　공공기관 채용 비리는 간단히 해결될 수 있는 사안이 아니다. 기관
장을 해임하고 연루된 임직원을 업무에서 배제시켜 퇴출하는 선에서
마무리되기 어렵다. 부정합격자를 퇴출시켜 5년간 공공기관 응시기회
를 제한한다고 흙수저들의 절망과 박탈감이 원상 복구될 리 만무하
다. 청탁자 실명을 공개하고 비리 행위자에 대한 '원스트라익 아웃제'
를 법제화한다 해서 비리가 근절될 것으로 믿는 사람은 아무도 없다.

　공공기관 경영자는 사람을 가벼이 여기는 오만한 사고부터 고쳐야
한다. 어느 곳으로부터 어떠한 청탁을 받더라도 직(職)을 걸고 소신을
지켜나가야 한다. 우수 인재를 널리 구하고 공정한 절차로 적임자를
투명하게 선발하는 소명의식으로 중무장해야 한다. 나중에 채용 비리
로 잘릴 바에는 청탁거절로 중도 하차하는 게 낫다는 결기도 필요하
다. 결국은 경영자가 바로서야 비리는 사라지고 경쟁력은 살아나는 법
이다. 위기일수록 경영자의 자기성찰이 중요한 까닭이다.

11 청년일자리,
정부에만 맡겨둘 수 없다

우리 경제의 최대 난제, 청년실업

청년일자리 대책이 풍년이다. 특단의 대책이 잇달아 발표되고 있다. 중소기업에 취업하는 청년의 소득을 1,000만 원 이상 높여 대기업의 초임 연봉 수준인 3,800만 원까지 근접시키겠다는 정부의 의도다. 34세 이하 청년이 중소기업에 취업하면 5년간 근로소득세를 연 150만 원 한도에서 전액 면제시켜 줄 계획이다.

전월세 보증금을 최대 3,500만 원 내에서 연 1.2%의 싼 이자로 4년간 대출도 해준다. 시중은행 대비 연간 최대 70만 원의 이자부담을 더는 혜택이다. 교통편이 열악한 지방 산업단지에 재직하는 청년에게는 매월 10만 원의 교통비까지 지급한다. 소요예산은 추가경정예산을 통해 마련하겠다는 방침이다. 2021년까지 18만~21만 명의 고용을 창출함으로써 청년실업률을 8% 이하로 떨어뜨리려는 야심찬 시도다.

중소기업에게는 반색할 만한 뉴스다. 가뭄의 단비 같은 희소식임에 틀림없다. 신입사원 연봉을 대기업 수준으로 맞춰줄 수 있다는 사실이 중소기업 경영자로서도 꿈같은 일이다. 적어도 3년 동안은 인건비 걱정을 덜 수 있다는 게 최고의 매력 포인트다. 구인난과 인건비 부담을 동시에 해결해주는 일석이조의 지원이다. 3년간 한시성 지원이라는 게 마음에 걸리긴 하나, 2021년 이후의 일까지 지레 걱정할 여유도 이유도 없다.

허나 세간의 반응은 의외로 싸늘하다. 호평보다는 비난의 소리가 더 크다. 언론과 일부 정치권은 마치 정부 발표를 기다렸다는 듯 연일 집중포화를 퍼붓고 있다. 전문가들도 경쟁적으로 저마다 흠을 책잡아 무더기로 문제점을 발췌 중이다.

"현실성 부족한 반쪽자리 대책" 혹평

3년 앞을 못 내다본 '반쪽짜리' 대책이라는 혹평이다. 대규모 예산이 투입되는 만큼 일시적으로 고용효과는 있을지 몰라도 고질적 인력난 해소에는 근본 처방이 못 된다는 평가절하다. 장기근속을 유인할 만한 조건이 담겨있지 않다는 비난도 가세한다. 임금보전이 끝나는 3년 후에는 숙련도가 높아진 이들을 붙잡아둘만 한 유인책이 없는 점도 결함으로 꼽는다.

신규 취업자와 기존 직원 간의 형평성 문제도 제기한다. 신규 취업자의 실제소득이 이미 재직 중인 직원보다 많아지는 임금역전 현상을 우려한다. 기업 운영에 부담으로 작용할 수 있을뿐더러 자칫 대량 퇴직사태로 이어질 수 있다는 염려다. 지방 기업의 특수성을 고려하지 못했다는 불만도 쏟아낸다. 돈을 많이 주어도 사람 구하기 자체가 힘든 지역기업에게는 이번 일자리 대책이 '그림의 떡'에 불과할 것이라는 하소연이다.

포퓰리즘의 전형이라는 항변도 거세다. 정부가 현실을 몰라도 너무도 모른다는 탄식이다. 교통비 몇 푼 받자고 지방 산업단지 기업에 지원할 청년이 있겠느냐는 반문이다. 산단 기업 대부분에 기숙사가 있고 통근버스가 운행되어 출퇴근에는 애로가 별무한 사정을 정부가 파악이나 했겠냐는 볼멘소리다. 세금감면 조치 또한 탁상공론의 결과물이라는 인식이다. 중소기업 근로자의 연봉이 높지 않아 납부하는 소득세가 거의 없는 실제상황을 상상조차 못 했을 거라는 비아냥거림이다.

취업준비생의 반응 또한 비(非)우호적이다. 돈 천만 원 더 준다고 중소기업에 가고 싶은 마음이 생길 리 없다는 표정이다. 설사 중소기업에 가더라도 대기업 이직을 위한 준비기간으로 삼을 거라는 이기심마저 내비친다. 중소기업을 기피하는 게 비단 임금격차 때문만이 아니라는 설명이다. 경력관리나 복리후생 등 다른 이유들도 많고, 특히 결혼하기 힘든 여건이 결정적 장애라는 얘기다. 설사 대기업 수준으로 대우해줘도 중소기업에는 갈 생각이 아예 없다는 소리로 들린다. 안정성 떨어지고 발전가능성 희박한 일터에 청춘을 맡길 수 없다는 이유 있는 항변이다.

노사정-국민이 손잡아야 양질의 일자리가

그렇다고 고공행진을 거듭하는 청년실업률과 중소기업의 극심한 인력난을 수수방관할 수는 없다. 청년 일자리 문제 해결을 위해 그간에도 여러 차례 대책이 나왔지만 백약이 무효인 현실에서 정부라고 고민이 크지 않을 리 없다. 재정투입이라는 비장의 카드를 꺼내 들지 않고서는 난국 타개가 어렵다고 판단했을 터. 고뇌에 찬 정부의 결단을 십분 이해하고 협조해야 하는 게 마땅하다.

대한민국 경제의 긴급 현안으로 대두된 청년실업 문제는 정부에게만 맡길 일도 아니다. 국민적 공동 과제가 되어야 한다. 이에 대한 해결 없이는 청년의 장래도 국가의 미래도 보장받기 어렵다. 사태가 엄중한 만큼 모두가 지혜를 모으고 행동에 나서야 한다. 비판과 훈수는 여태까지로 충분하다. 공리공론보다는 실사구시가 긴요한 때다. 대안 없이 비판하지 말자.

정책에는 완벽이 없다. 기대효과를 극대화하고 역기능을 최소화시키는 노력이 우수 정책을 만들어낼 수 있다. 설사 정부가 마련한 대책이 부족하더라도 경제 주체 다수가 협력하면 양질의 정책으로 탈바꿈시킬 수 있다. 손 놓고 있는 정부보다 뭔가 해보려는 정부가 더 예쁘다. 양질의 일자리 창출을 위해 노사정과 국민이 손잡으면 못할 게 없다. 시간은 남아있다. 발표된 정책을 보완·개선하고 더 좋은 대안을 궁리할 기회는 아직도 충분하다.

산적한 경제위기를 헤쳐 나가야 할 대한민국호(號)에는 선원과 승객이 따로 일 수 없다. 모두가 선원이고 전원이 승객이어야 한다. 손자병법을 쓴 손무(孫武)는 그냥 자기 이론만 외치고 다닌 학자가 아니다. 실제로 전쟁에서 스스로 그것을 입증해 보임으로써 명성을 얻었다. 지금 대한민국은 21세기형 손무들의 맹활약이 필요하다.